진심이
길을 만든다

오지랖이 만든 브랜드의 기적

진심이 길을 만든다

원경아 지음

ondo 글의온도

10년의 고통, 3일의 기적

주사피부염과 10년을 싸웠습니다. 처음에는 지루성 피부염으로 잘못 진단받아 수년을 헤맸고, 서울의 유명 피부과에서야 주사피부염이란 진단을 받게 되었습니다. 미간, 코 주변, 턱의 붉은 증상과 각질, 참을 수 없는 가려움은 일상을 지옥으로 만들었습니다. 하루에도 수차례 각질이 일어났고, 온종일 손톱으로 얼굴을 누르고 있어야 했습니다. 화장으로도 가릴 수 없는 붉은 얼굴을 보는 사람들의 시선이 늘 두려웠습니다.

대학병원을 비롯한 유명 병원들을 찾아다녔지만, 약과 연고는 임시방편일 뿐이었습니다. 약이 떨어지면 증상은 어김없이 재발했습니다. 포기하려던 순간, 우연히 천연 화장품 브랜드 시아로를 알게 되었고, 수많은 실제 개선 사례들을 보며 처음으로 희망을 발견했습니다.

놀랍게도 시아로 로션을 바른 지 3일 만에 기적 같은 일이 일어났습니다. 그토록 가렵던 얼굴이 진정되고 붉은 기가 사라진 것입니다. 4개월간의 회복기를 거치며 피부는 점점 건강해졌습니다. 물론 탈스테로이드의 고통도 찾아왔지만, 시아로 대표이자 작가님의 세심한 조언과 격려 덕분에 3개월의 힘든 시간을 이겨낼 수 있었습니다.

한 번도 직접 만난 적 없는 대표님이, 어떻게 이토록 내 일처럼 진심으로 걱정하고 돌보실 수 있을까요? 시간이 지나서야 알게 되었습니다. 상담 전화에서 느껴진 그분의 피곤한 목소리가, 우리 같은 환자들을 진심으로 걱정하는 마음에서 비롯되었다는 것을. 처음 상담할 때 "제가 치료가 잘되면 많은 사람들에게 알리고 싶어요!"라고 했던 제 말처럼, 이제는 이 희망을 다른 이들과 나누고 싶습니다. 나이팅게일의 헌신적인 마음으로 고통받는 이들을 보듬어주시는 대표님께, 깊은 감사와 존경을 전합니다.

최유경(닉네임: 신덩이)

임신 중의 절망에서 만난 희망, 시아로

첫째 출산 후 찾아온 심한 홍조로 밤새 인터넷을 뒤지다 시아로를 만났습니다. 3개월간 주사피부염이 호전되며 만족스러운 나날을 보내고 있었습니다. 그런데 둘째 임신 20주, 예상치 못한 시련이 찾아왔습니다. 전신을 덮친 화폐상습진이었습니다.

처음에는 흔한 임신 소양증인 줄 알았지만, 증상은 전혀 달랐고 훨씬 심각했습니다. 참을 수 없는 가려움에 미칠 것 같았고, 임신 중이라 어떤 약도 쓸 수 없는 상황에서 전신이 화상을 입은 듯한 고통은 더욱 절망적이었습니다.

그때 대표님께 도움을 청했고, 다행히 시아로에는 이미 화폐상습진 회복 사례가 많았습니다. 6개월간 펴붓듯 제품을 사용했고, 결코 쉽지 않은 시간이었지만 버텨낼 수 있었습니다. 시아로가 없었다면 그 고통의 시간을 어떻게 이겨냈을지 상상조차 할 수 없습니다.

지금도 면역이 떨어지면 작은 습진이 올라오지만, 시아로가 있어 든든합니다. 자연스레 우리 집 피부 관리는 모두 시아로가 맡았습니다. 후에는 특별한 인연으로 시아로에서 1년 넘게 근무하게 되었는데, 제품을 만드는 과정과 고객들을 더 가까이서 만나며 신뢰는 더욱 깊어졌습니다.

피부 문제로 고통받는 많은 분들께 시아로가 전해준 희망이, 더 많은 이들에게도 전해지기를 간절히 바랍니다. 모든 분들의 건강한 피부 회복을 진심으로 응원합니다!

김도연(닉네임: 슬엄마)

11년의 인연이 증명한 시아로의 진심

세 아이를 키우는 엄마로서, 둘째 아이의 초등학교 학부모 모임에서 시아로 대표님을 만난 것이 11년 전의 일입니다. 아이들을 통해 자연스레 친해지면서, 대표님이 무방부제 친환경 화장품을 직접 연구하고 만든다는 것을 알게 되었고, 심한 아토피였던 대표님 아이의 놀라운 회복을 직접 목격했습니다.

건선이 있는 큰아이의 치료를 위해 시아로를 처음 접했고, 대표님을 통해 현대 사회의 인공조미료, 화학약품, 환경오염으로 인해 피부질환으로 고통받는 수많은 사람의 실제 이야기를 들었습니다. 더욱 놀라웠던 것은 그들이 시아로로 건강한 피부를 되찾았다는 것이었죠. 그러던 중 고2였던 저의 둘째가 위기를 맞았습니다. 면역력 저하로 시작된 감기와 비염이 이어지다가, 갑자기 허벅지에 피부 질환이 나타났고 얼굴로 번져 결국 학교를 다닐 수 없는 지경에까지 이르렀습니다.

시아로 대표님의 조언에 따른 집중 치료는 놀라운 효과를 보였습니다. 다른 환자들이 같은 피부 문제로 6~8개월간 사용하는 시아로 보습제를 단 2개월 만에 집중적으로 사용함으로써 빠른 회복을 이룰 수 있었고, 아이는 곧바로 학교생활로 복귀할 수 있었습니다.

11년간 곁에서 지켜본 대표님의 진정성은 의심의 여지가 없었습니다. 우리는 자주 만나 오염된 환경과 화학물질을 멀리하고 자연과 더불어 사는 방법을 고민했습니다. 시아로야말로 인공 방부제 없이 인체에 무해한 천연 성분들로 만든 진정한 안심 화장품이라는 것을, 우리 아이들의 회복된 피부가 증명해주었습니다.

이 책은 어떤 어려움 속에서도 긍정적인 생각으로 해결책을 찾아가는 전화위복의 지혜를 담고 있습니다. 이 이야기를 통해 삶을 바라보는 제 시야도 더욱 넓어졌습니다. 시아로와의 만남에 감사드리며, 앞으로도 더 많은 이들에게 희망이 되어주길 기원합니다.

이명경(닉네임: 헤스티아)

12년의 아토피 고통, 시아로와 함께 찾은 희망

12년째 아토피로 고생하는 큰아이와 최근 증상이 시작된 둘째를 키우는 엄마입니다. 10년간 민간요법부터 유명 병원까지 모든 방법을 시도했지만, 아이의 아토피는 점점 심해졌고 더 강한 스테로이드가 필요했습니다. 결국 과감히 탈 스테로이드를 결심했지만, 피부는 최악으로 치달았습니다.상체가 화상을 입은 듯 빨갛게 변하고 비닐처럼 얇아져 조금만 스쳐도 찢어졌습니다. 면 옷만 겨우 입을 수 있었고, 물만 닿아도 비명을 지르며 우는 아이를 보며 엄마인 저는 밖에서 소리 없이 울었습니다.

그때 동생이 소개해준 시아로. “다 나았다”는 한마디에 평소 신중한 제가 망설임 없이 선택했습니다. 놀랍게도 다른 것은 다 아파하던 아이가 시아로만큼은 편안해했고, 피부는 조금씩 호전되기 시작했습니다. 수 차례 호전과 악화를 반복했지만, 지금은 겉으로 보기에 완전히 건강한 피부를 되찾았습니다. 한때 지나가는 사람들이 뒤돌아볼 정도로 심각했던 목과 쇄골 부위가, 이제는 아이가 가장 자랑스러워하는 부분이 되었습니다. 물론 쉽지 않은 여정이었습니다. 스테로이드의 유혹도 있었고, 호전되다 악화되는 과정에서 세상이 무너지는 듯한 좌절도 겪었습니다. 하지만 대표님이 항상 강조하시듯, 시아로는 치료제가 아닙니다. 피부가 스스로 본연의 회복력을 되찾을 수 있도록 돕는 자연의 동반자입니다.

"그저 남들처럼 평범하게만 살고 싶어." 탈 스테로이드 과정에서 아이가 눈물로 했던 이 말이 아직도 가슴에 남아 있습니다. 지금도 같은 고통을 겪고 계신 분들께 시아로를 자신 있게 추천드립니다. 행복한 일상으로 돌아갈 수 있는 유일한 희망이기 때문입니다.

최근 아토피가 시작된 둘째도 시아로로 관리 중입니다. 스테로이드 없이도 천천히 호전되고 있어 이제는 두렵지 않습니다. "Slow and steady wins the race." 시아로는 약이 아니기에, 꾸준하고 부지런히 사용한다면 누구나 건강한 피부를 되찾을 수 있습니다. 시아로를 모르고 고통받는 분들이 더 이상 없기를 간절히 바랍니다.

임수연(닉네임: 고운피부)

잃어버린 삶을 되찾게 해준 기적, 시아로

한때 괜찮았던 제 피부가 맞지 않는 화장품 하나로 홍조의 늪에 빠진 지 3년. 그 시간 동안 마주치는 모든 것이 부러웠습니다. 지나가는 사람들의 하얀 얼굴도, 어항 속 물고기도, 심지어 털로 가려진 강아지의 얼굴까지도요. "세상에 멀쩡한 사람이 이렇게나 많은데 내 얼굴은 왜…"라는 생각에 매일 힘들었지만, '언젠가는 나아질 거야'라는 희망을 놓지 않으려 했습니다.

그러던 어느 날 밤, 얼굴 때문에 겪은 불편한 일로 잠 못 이루던 중 우연히 시아로를 만났습니다. 홍조 치료법을 검색하다 발견한 시아로 후기에서 "이거다! 이거 아니면 다른 방법은 없다"는 확신이 들었습니다. 평소 의심 많은 제가 어떻게 그토록 쉽게 믿었는지, 지금 생각해도 신기할 따름입니다.

같은 정보를 접해도 사람마다 다르게 이해하고 실천하는 법인데, 저는 운 좋게도 시아로의 철학을 제대로 이해하고 올바른 방법으로 꾸준히 사용해 "나는야 피부미인"이라는 닉네임처럼 완벽한 피부 회복의 결말을 맞이했습니다.

시아로는 화장품도, 약도 아닌, 그저 '시아로'라는 이름 그대로여야 할 것 같습니다. 고유명사로 남을 만큼 특별한 존재이기에, 저는 시아로를 온전히 신뢰하고 사랑합니다.

이 책을 통해 더 많은 분이 시아로를 만나 저처럼 행복한 경험을 하시길 바랍니다. 바쁘신 중에도 이렇게 소중한 이야기를 책으로 전해주신 대표님께 깊은 감사를 드립니다.

최은화(닉네임: 나는야 피부미인)

진정성이 만드는 기적, 시아로의 이야기

이 책은 단순한 성공 스토리가 아니다. 위기 앞에서도 흔들리지 않는 자기 확신과 인내의 가치를 보여주는 생생한 증언이다. 저자는 크고 작은 도전 앞에서 고민하는 창업가들에게, 끈기 있게 자신의 길을 걸어가는 것이 얼마나 중요한지를 자신의 경험을 통해 진솔하게 들려준다.

이 이야기를 통해 고객을 향한 진심 어린 사랑과 책임감이 얼마나 고귀한지, 그리고 그 진정성이 만들어내는 입소문의 힘이 얼마나 강력한지를 깨닫게 될 것이다. 또한 이 책은 일이 우리 삶에 주는 가치와 진정한 성공의 의미를 깊이 생각해볼 기회를 선물한다.

허지영 《퍼스널 브랜딩의 모든 것》 저자

차례

3장. 신뢰는 광고보다 강하다

4장. 진짜 팬은 마음으로 만든다

내 아이의 아토피가 수천 명의 기적이 되다

한 사람의 마음속에서 피어난 작은 꿈은 세상을 바꾸는 시작이 된다. 간호사로 일하며 의료 현장에서 수많은 환자를 만났지만, 정작 내 아이의 아토피 앞에서는 무력했다. 그 절박함이 나를 움직이게 했다. 단 한 명을 위해 시작한 일이 수천 명의 삶을 바꾸는 여정이 될 줄은 몰랐다.

처음에는 작은 희망 하나로 시작한 일이었다. 아이의 피부가 조금이라도 나아지기를 바라는 마음뿐이었다. 하지만 그 작은 시도가 예상치 못한 변화를 가져왔다. 내 아이의 피부가 나아지자 소문을 들은 이웃들이 찾아왔고, 그들의 피부도 좋아지기 시작했다. 한 명, 두 명, … 열 명… 도움받은 사람들을 통해 입소문은 꾸준히 퍼져나갔다.

그들의 이야기는 내 가슴을 뜨겁게 했다. 전신 아토피로 유치원도 못 다니던 아이가 드디어 친구들과 어울리게 되었다는 소식, 전신 화폐상습진을 이겨내고 뽀얀 피부를 되찾아 전신 사진을 자신 있게 보내온 아이의 모습, 부은 발 때문에 늘 슬리퍼만 신던 가장이 처음으로 구두를 샀다는 기쁜 소식들이 이어졌다. 수영장은 꿈도 꾸지 못하다가 마침내 가족과 물놀이를 다녀왔다는 아이의 이야기, 방 안에만 갇혀 있던 청년이 건강을 되찾아 아르바이트를 시작했다는 소식은 이 일을 계속해야 하는 이유가 되었다.

하지만 꿈을 향한 길은 결코 순탄하지 않았다. "화장품으로 피부를 어떻게 고쳐? 병원에 가야지!"라는 폄하, 효과가 속히 나오는 것을 보고 '스테로이드 같은 약물이 들어 있을 것'이라는 의심의 눈초리도 있었다. 한번은 다단계 화장품 회사의 행사장에서 "흙도 천연 원료예요"라는 조롱 섞인 말을 들었다. 그때 나는 마음속으로 '언젠가는 반드시 결과로 보여주리라'

고 다짐했다.

그리고 다짐은 하나둘 현실이 되어갔다. 16살부터 시작된 발등의 한포진으로 양말을 벗지 못하다가 마침내 샌들을 신게 된 40대 여성, 어릴 때부터 빨간 볼 때문에 '촌년'이라 놀림받던 고객이 뽀얀 피부로 변신한 이야기, 진물과 고름이 뒤섞인 얼굴로 극단적인 선택까지 떠올렸던 고객이 이제는 두 아이의 엄마로 행복한 일상을 보낸다는 소식이 하나둘 쌓여갔다. 빨간 크레파스로 엄마 얼굴을 그리며 "엄마 피부 좋아지게 해주세요" 기도했다는 어린 딸의 사연은 지금도 가슴을 적신다.

그 꿈에 한 걸음 더 다가가기 위해 구체적인 행동으로 옮겼다. 첫 단계는 수백 건의 피부 개선 사례를 근거로 한 화장품 특허 신청이었다. 피부 질환 개선 분야의 특허는 매우 까다로워서 보통 1년에서 1년 6개월 이상 소요되며, 여러 차례 반려를 거치는 것이 일반적이라고 했다. 하지만 나는 단 한 번의 반려도 없이 6개월 만에 승인을 받았다. 그동안 축적해온 피부 개선 사례들이 심사 과정에서 결정적인 역할을 한 덕분이었다. 이런 과정을 거쳐 받은 특허였기에 그 의미가 더욱 깊게 다가왔다.

특허 취득 후 얼마 지나지 않아 세계 여성 발명 대회에 초청받았다. 주저 없이 그동안의 사례들을 체계적으로 정리해 참가했고, 320개 참가 업체 중 2등인 '세미 그랑프리상'을 수상하는 영광을 얻었다. 그 순간, 갖은 오해와 편견 속에서도 묵묵히 걸어온 시간들이 인정받는 것 같아 큰 보람을 느꼈다. 꿈꾸던 일들이 하나씩 현실이 되어가는 것을 보며 더없이 행복했다.

내 사업은 대규모 광고나 마케팅 없이 오직 사용자들의 실제 경험과 입소문만으로 성장해왔다. 제품을 사용하는 사람들의 신뢰가 쌓이고, 그 신뢰가 또 다른 고객으로 이어졌다. 하지만 나는 늘 조심스러웠다. 내 제품이 정말 필요하지 않은 사람에게까지 부담을 주고 싶지 않았기 때문이다. 나는 "좋은 제품은 스스로 빛을 발한다"는 믿음으로 묵묵히 고객들과의 신뢰를 쌓아 나갔다.

이 책은 단순한 성공 스토리가 아니다. 한 사람의 순수한 마음이 어떻게 수많은 사람의 삶을 바꾸었는지, 그리고 그 과정에서 만난 분들과의 눈물과 웃음, 새로운 시작의 이야기다. 사람들은 종종 묻는다. "이 나이에 새로운 걸 시작하기엔 늦은 것 같아요"라고. 그렇게 우리는 항상 나이가 많다고 생각하며 살아왔다. 20대에도 "이제 나도 성인인데"라며 인정받기를 원했고, 30대에도 "내 나이가 몇인데…"라며 망설일 때가 많았다. 하지만 성공한 이들을 보라. 그들은 50대든 60대든 나이에 얽매이지 않고 꿈을 향해 열정적으로 살아간다.

당신도 언제든 시작할 수 있다. 순수한 꿈이 있다면, 그 꿈을 함께 이뤄갈 이들이 반드시 나타날 것이다. 지금 이 순간이 바로 당신의 새로운 시작이 될 수 있다.

회사를 운영하면서 내 이야기가 과연 어떤 의미가 있을까 고민했던 적이 있다. 크고 대단한 기업들의 눈부신 성공담 앞에서 내가 일군 작은 결실은 초라하게 보였다. 그러나 이제는 확신한다. 비록 작은 경험일지라도 그것이 누군가의 삶에 변화를 가져다줄 수 있다면 충분히 가치 있는 일이라고. 피부 질환으로 고통받는 사람들에게 새로운 삶을 선물하는 일을 하며, 나는 스스로가 선택한 길에 더욱 큰 책임과 사명감을 느끼게 되었다.

지금 이 순간에도 누군가는 아토피로 잠 못 이루는 아이를 붙잡고 있을 것이다. 누군가는 피부 질환으로 세상과 단절된 채 살아가고 있을 것이다. 그들에게 새로운 삶의 희망을 전하고 싶다. 더 나아가 수익의 일부를 기부하는 선한 영향력을 가진 기업으로 성장하고 싶다. 누구나 경제적 부담 없이 건강한 피부를 되찾을 수 있도록 돕는 것이 나의 새로운 꿈이다.

"역사는 꿈꾸는 자의 것이다"라는 말이 있다. 열정만 있다면 꿈을 이루기에 결코 늦은 때란 없다. 당신의 가슴속에 품은 꿈은 무엇인가? 그것이 지금은 작아 보일지라도, 그 꿈을 향한 한 걸음이 수천 명의 삶을 바꾸는 시작이 될 수 있다. 내 이야기가 당신의 꿈을 향한 여정에 작은 불씨가 되기를 바란다.

CHAPTER

1

오지랖이 만든 브랜드의 기적

1

단 한 명을 위한 화장품을 만들다

"얘들아, 자기야, 일어서! 얼른 짐 싸서 집으로 가자! 여행이고 뭐고 다 필요 없어! 내 새끼 내가 알아서 키울 거니까, 신경 쓰지 마!"

제주도의 마지막 밤이었다. 평화로워야 할 가족 여행은 폭발로 끝나버렸다. 과자 한 조각만 먹어도 며칠을 괴로워하는 아이가, 외사촌들과 함께 과자와 인스턴트식품을 먹는 모습을 보며 불안과 걱정으로 가슴이 조여왔다. 여행 분위기를 망치지 않으려 입술을 깨물며 참았지만, 결국 터지고 말았다. 언니들이 "네가 아이를 너무 예민하게 키운다"고 했을 때, 그동안 쌓아두었던 모든 감정이 홍수처럼 쏟아져 나왔다.

"밤새 긁는 아이를 안고 울어본 적 있어? 피가 나도록 긁는 아이를 달래며 2시간이라도 재워보는 게 소원이었던 적 있냐고! 알지도 못하면서 함부로 말하지 마."

목소리는 떨렸고, 눈물은 걷잡을 수 없이 흘렀다. 아이의 피부를 위해 할 수 있는 모든 것을 했지만, 현실은 냉정했다. 늘 내 편이었던 언니들의 무심한 말 한마디가 그토록 아팠던 건, 어쩌면 내가 감당할 수 없는 현실과 끝없는 무력감 때문이었을지도 모른다.

아토피 아이를 키우는 일상은 매 순간이 전쟁이었다. 특히 다른 사람들과 어울리는 자리가 제일 힘들었다. '우리 아이 때문에 다른 아이들이 불편해하진 않을까', '이런 걱정을 하는 내가 예민한 걸까' 하는 생각들이 꼬리를 물었다. 결국 나는 모임도, 여행도 피하기 시작했다.

어느 날, 같은 반 친구 엄마에게서 전화가 왔다. 여러 아이와 함께 라면과 피자를 먹었는데 아이 피부가 괜찮은지 걱정된다는 것이었다. 배려가 고마우면서도 마음이 무거웠다. 음식을 앞에 두고 망설이는 아이의 눈빛이 떠올랐다.

"너 스스로 자제했어야지! 주는 대로 다 먹으면 어떡해?"

"엄마, 그럼 난 언제부터 마음껏 먹을 수 있어요? 평생 못 먹어요?"

"응, 평생! 평생! 너만 못 먹는 거 아니잖아. 엄마, 아빠도 같이 참아주잖아!"

원망이 가득한 눈빛으로 나를 바라보는 아이를 안고 한참을 울었다. 미안함과 속상함이 뒤엉킨 채 우리는 그렇게 서로를 부둥켜안았다. 아토피를 앓는 아이와 함께하는 서러운 기억들이 그렇게 하나둘 쌓여갔다.

한 방울의 희망으로 시작된 여정

아이가 8살이 되던 해, 처음으로 보습제를 공부하기 시작했다. 아토피로 힘들어하는 아이를 위해 양약, 한약, 민간요법 등 기회가 닿는 대로 모든 것을 시도했지만 번번이 실패했고, 치료비는 어느새 3~4천만 원에 이르렀다. 경제적 부담으로 지쳐가던 중, 지인이 저렴하면서도 보습력 좋은 화장품을 추천해 대형마트에서 구입해 써보았다.

그러나 아이의 전신에 두드러기가 돋아났고, '도대체 어떤 성분이 문제일까' 하는 의문이 들었다. 작은 글씨로 빼곡히 적힌 수십 가지 성분들을 하나하나 찾아보며 기능과 부작용을 조사했다. 좋은 성분들도 있었지만, 놀랍게도 '방부제'가 무려 5~6가지나 들어 있었고, 화장품을 부드럽게 만들기 위한 화학적 유화제도 발견했다. 방부제는 일정량 이상 들어가면 부작용을 일으킬 수 있어 정해진 양만 써야 했고, 한 가지로는 보존이 어려워 여러 종류를 섞어 쓴다는 사실을 알게 됐다.

제빵 수업에서 배운 지식이 뜻밖의 도움이 됐다. 아이스크림이나 빵을 부드럽게 만들 때 쓰는 유화제가 알레르기를 일으킬 수 있다는 것을 알고 있었기에, 화장품 속 화학적 유화제의 위험성도 명확히 이해할 수 있었다. 이후 화장품 수업을 들을 때, 실제로 유화제를 첨가하여 3~5분 만에 걸쭉하고 부드러운 화장품이 완성되는 것을 확인하기도 했다.

화장품에 든 방부제와 화학적 유화제가 민감한 피부에 알레르기를 일으킬 수 있다는 것을 알게 된 순간, 마음이 무거웠다. 그동안 아이 피부에 발랐던 수많은 제품이 떠올랐다. 고민 끝에 이 두 물질을 완전히 배제한 보습제를 직접 만들어보기로 결심했다. 처음엔 제빵 반죽기를 활용했다. 방부제를 사용하지 않는 대신 냉장 보관하면 된다고 판단했기 때문이다. 그러나 유화제 없이 만들기는 쉽지 않았다. 1~2리터의 소량을 제조하는 데도 8시간 넘게 기계를 돌려야 했고, 과열된 기계를 중간중간 식혀야 했다. 불편하고 고단했지만, 내 아이를 위한 일이기에 묵묵히 이어갔다.

당시 나는 이 화장품에 큰 기대를 하진 않았다. 수없이 많은 시도와 실패를 겪어온 터라, 그저 "우리 아이가 평생 안전하게 바를 수 있는 화장품 하나"를 만들고 싶은 간절한 마음뿐이었다. 100% 천연 고급 원료를 사용하다 보니 원료비가 상당했고, 결국 아토피 아이를 위한 특별한 화장품이 되었다. 하루 한두 번 바르기도 아까워 나는 써보지도 못했지만, 그건 우리 모자의 작은 희망이었다.

작은 변화가 가져온 큰 기적

그러다가 마치 하늘이 내 기도를 듣기라도 한 것처럼(?) 내게도 피부 트러블이 찾아왔다. 괴로워하는 아이의 고통을 차라리 내게 달라고 간절히 빌었던 내 마음이 현실이 된 걸까. 입술에서 시작된 발진이 얼굴 전체로 퍼지며 붉게 부풀어 올랐고, 참을 수 없는 가려움이 덮쳤다. 동네 지인이 비슷한 증상에 효과를 봤다며 남은 약을 건넸고, 나는 그 약에 기대를 걸었다. 며칠간 나아지는 듯했지만, 오히려 증상은 더 심해졌다. 붉은 발진이 더 짙어졌고 눈이 퉁퉁 부었으며, 가려움과 발적(붉어짐)은 목과 가슴까지 번져갔다.

이것이 말로만 듣던 '탈 스테로이드 증상'임을 직감한 순간, 온몸이 얼어붙는 것 같았다. 결국 그해 추석에는 남편과 아이들만 시댁에 보내고, 나는 한 달 넘게 직장도 쉬어야 했다. 그런 절박한 상황에서, 평소 원료비 부담에 아껴 쓰던 큰 아이 보습제를 내 얼굴에 발라보았다. 놀랍게도 바를 때마다 가려움이 잦아들고 피부가 편안해졌다. 처음에는 그 편안함이 오래가지 않아 피부가 마를 새도 없이 계속 발라야 했지만, 꾸준히 바르다 보니 피부가 조금씩 안정되기 시작했다.

한 달쯤 지나자 얼굴에서 하얀 각질이 떨어지기 시작했고, 그로부터 2주 정도가 더 흐르자 피부는 이전보다 훨씬 건강해졌다. 주변 사람들도 달라진 내 피부를 보고 놀라워했다. 이 경험을 통해 보습이야말로 건강한 피부를 만드는 핵심이라는 것을 깨달았다. 그 후로 아이에게도 하루 한두 번이 아니라 수시로 넉넉하게 보습제를 발라주기 시작했다.

그러던 즈음, 아이의 담임 선생님에게서 가슴 아픈 연락이 왔다. 반 친구들이 아토피 피부를 가진 우리 아이가 더럽다며 짝을 하지 않으려 한다는 이야기였다. 학교생활이 힘들다는 건 알고 있었지만, 그 말을 직접 듣는 순간 가슴이 무너져 내렸다. 학교 관계자분들의 반대가 심했지만, 남편과 오랜 고민 끝에 결단을 내렸다. 그다음 해부터 홈스쿨을 시작하기로 한 것이다.

집에서 보내는 시간이 길어지면서 아이에게 하루 수 차례 보습제를 발라줄 수 있었다. 피부가 조금씩 좋아지면서 아이 표정도 밝아졌고, 우리의 마음도 여유를 찾아갔다. 그러다 보니 홈스쿨을 하는 또래 아이들 20여 명과 매주 정규 모임도 만들게 되었다.

약 1년간의 홈스쿨 기간 동안 아이의 피부는 눈에 띄게 건강해졌고, 그 모습을 보는 것만으로도 나는 행복했다. 하지만 피부가 나아진 아이는 다시 학교로 돌아가고 싶어 했다. 솔직히 나는 홈스쿨을 계속하고 싶었지만, 아이의 의지를 존중해 복학을 결정했다. 아토피로 인한 휴학이 학교에서 화제가 되었듯, 건강해진 피부로 복학했다는 소식도 순식간에 퍼져나갔다. 한 아이의 아픔에서 시작된 작은 보습제가, 이렇게 많은 이들의 피부 고민을 덜어주는 화장품 사업으로 이어질 줄은 그때는 상상도 못했다.

2

절망의 순간이 새로운 시작이 되다

"아기 얼굴이 왜 이렇게 빨개요?"

아이를 처음 만난 날이었다.

신생아실 창 너머로 보이는 붉은 피부의 아이를 보고 마음이 무거워졌다.

간호사는 "태열 때문에 이런 아기들이 종종 있어요. 시간이 지나면 괜찮아질 거예요"라고 했다. 하얗고 포동포동한 아기를 기대했던 나는 불안했지만, 그 말에 작은 위안을 얻었다. 하지만 시간이 지나도 아이의 피부는 나아지지 않았다. 특히 눈가와 귀가 건조해 가려워했고, 비비는 바람에 얼굴은 더욱 붉어

져만 갔다. 50일, 100일 그리고 돌 기념일 사진을 찍기 전마다 병원에서 받은 스테로이드 연고를 발랐다. 금세 깨끗해지는 피부를 보며, 당시에는 이 일이 얼마나 위험한지 몰랐다.

희망이라 믿었던 것들의 배신

아이가 네 살이 되던 해, 우리는 설렘 가득한 마음으로 새 아파트로 이사했다. 하지만 그 기쁨도 잠시, 새집 증후군이 찾아왔고 아이의 아토피는 걷잡을 수 없이 번져나갔다. 얼굴에서 시작된 붉은 기운이 목을 타고 내려가 팔과 다리, 등과 배까지 퍼져나갔다. 더군다나 그동안 발라왔던 스테로이드의 후유증까지 겹치면서 아이는 밤마다 한 시간도 못 자고 깨어나 울부짖었다. 그때부터 우리 가족의 불면은 끝이 없었고, 2시간 이상 연달아 자는 것이 간절한 소원이 되었다.

아이 피부를 걱정하는 주변의 목소리가 끊이질 않았다. 가족, 친척, 친구들은 물론, 길거리에서 마주친 행인들까지 '카더라' 정보를 쏟아냈고, 나는 그 모든 것을 시도해보았다. 대학병원부터 한의원, 민간요법까지 가리지 않았다. 아토피 치료제 개발 실험에도 참여해보았고, 아토피 극복 수기란 책은 모조리 읽고 따라 했다.

효과가 있다는 약초라면 가리지 않고 구해 써보았다. 탱자, 닥나무, 감초는 물론이고 목초, 소금쟁이, 심지어 개구리풀까지. 매실 씨를 말려 베개를 만들고, 빵과 조미료도 직접 만들기 시작했다. 청결에 대한 집착은 날이 갈수록 심해졌다. 매일 이불과 옷을 빨았고, 먼지 한 톨도 용납하지 않았다. 여행이나 친척 집을 갈 때면 이불 청소기부터 청소 테이프까지 들고 다니는 결벽증 수준의 엄마가 되어 있었다.

음식부터 환경, 스트레스 관리까지… 가족의 모든 일상이 아이의 아토피를 중심으로 돌아갔다. 그럼에도 실패와 좌절의 순간들이 끊이질 않았다. 특히 가장 가슴 아픈 건, 내 선택이 아이를 더 힘들게 했다는 깨달음이었다.

어느 날 친구의 지인이 "효과가 확실하다"며 '개발 중인 신약'을 강력히 추천했다. 바르는 동안 아이가 비명을 지르며 아파했지만, 나는 "조금만 참자"며 계속 발랐다. 그러다 TV 뉴스를 보고 온몸이 얼어붙었다. 내가 발라준 그 약이, 정제되지 않은 불법 제품이었던 것이다. 뒤늦은 후회와 함께 아이의 피부는 더욱 악화되어 갔다.

또 한번은 지인이 추천한 피부숍의 고가 크림이 문제가 되었다. 비싸지만 아토피에 특효라는 말에 설득되어 구입했는데,

놀랍게도 며칠 만에 아이의 피부가 기적처럼 좋아졌다. 감격에 겨워 지인에게 감사 인사를 전했던 그때, 둘째 언니에게서 충격적인 연락이 왔다. 내가 쓰고 있던 그 제품이 불법 스테로이드 덩어리라는 뉴스였다.

그러던 어느 날, 아이가 학교에서 돌아와 전화번호가 적힌 한 장의 쪽지를 내밀었다. 연락을 해 보니 아토피 아이를 둔 같은 아파트 주민이었다. 길에서 만난 우리 아이의 피부를 보고 안타까워서 전화번호를 전달했다고 했다. 자신의 아이도 아토피로 고생했는데, 최근 어느 한의원의 약이 특효였다고 했다. 비싼 가격이 부담될 거라며 우선 한 달치를 함께 구매해 나누자고 했다. 2주 정도 사용해보니 효과가 좋아 재주문했는데, 제조부터 배송까지 1~2주 걸린다고 했다. 또 한 번의 희망을 품고 주문을 하고 기다렸다.

하지만 약을 기다리는 동안 아이의 상태는 급격히 나빠졌다. 발등에는 고름이 차오르고 부종이 심해져 신발조차 신기 힘들었다. 얼굴마저 붓기 시작하자 다급한 마음에 평소 다니던 한의원에 문의했다. 그제야 알게 됐다. 그 약을 만드는 곳은 정식 한의원이 아니라 스테로이드를 섞어 파는 곳으로 악명 있는 한약방이었다. 실력 있는 한의사의 처방이라 믿었던 내 기대는 또 한번 무너져 내렸다.

그 사건은 결국 아이의 신장에 심각한 문제를 일으켰다. 대학병원 응급실에서의 검사 결과, 사구체 신염으로 진단되어 5일간 입원 치료를 받았다. 연쇄상구균에 의한 피부 농가진이 신장까지 침범해 사구체 신염을 일으킨 것이었다. 이후 6개월마다 혈뇨 검사 등, 10여 년 동안 지속적으로 신장 검사를 받아야 했다. 이 모든 일들이 스테로이드를 피하려다 오히려 더 큰 대가를 치른 경험들이다.

삶의 위기를 새로운 가능성으로

아픈 이들의 절박함을 이용해 이익을 챙기는 세상을 보며 원망이 컸다. 더 이상 갈 곳도, 믿을 곳도 없다는 절망감에 때로는 극단적인 생각까지 들었다. 하지만 그 깊은 어둠 속에서도 아이를 위한 희망을 찾아 나섰다. 맑은 공기를 찾아 시골로 여행을 다녔고, 주말농장에서 직접 유기농 채소를 길렀다. 텐트 치고 자연 속에서 캠핑도 했다. 새집 증후군을 피해 10년 된 산 아래 아파트로 이사도 감행했다.

특히 기억에 남는 건, 고기만 먹으면 긁던 아이를 위해 만든 삼겹살 훈제 요리였다. 그 고기를 먹고 덜 긁는 아이를 보며 느낀 기쁨은 지금도 생생하다. 주말농장에는 아이의 반 친구들과 가족들을 초대해 농장 체험과 훈제 고기를 함께 나눴다. 아토피 때문에 친구 사귀기 어려웠던 아이에게, 새로운 관계의 문을 열어주고 싶었다.

그즈음, 나는 매실액으로 아이를 씻기기 시작했다. 아토피에 좋다는 말에 부모님께서 손주를 위해 직접 항아리에 매실을 담가주셨다. 까맣게 온몸에 바르고 씻어내는 방식으로 했더니, 신기하게도 피부가 조금씩 나아졌다. 그러다 지인이 준 패트병에 담긴 매실액으로 뼈아픈 교훈을 얻었다. 뚜껑을 열자 '펑' 소리와 함께 가스가 튀어나왔다. 이상하다고 느꼈지만, 같은 매실액이겠거니 했다. 하지만 아이의 피부는 더 붉어지고 가려움을 호소했다.

그때부터 매실액을 직접 항아리에 담그기 시작했다. 처음엔 상처에 닿아 아이가 괴로워했지만, 꾸준히 하다 보니 점차 통증도 줄어들었다. 이 경험을 바탕으로 소다와 매실액을 섞어 비누도 만들어보았다. 지금의 매실 비누가 탄생하게 된 배경이다. 이런 시행착오들이 모여 결국 보습제 개발의 밑거름이 되었다.

수천 명의 피부 환자를 돕는 화장품 회사를 시작할 수 있었던 것은, 아토피와 싸웠던 그 모든 순간들 덕분이다. 내 삶의 위기가 누군가의 희망이 된 것이다. 그 고통스러운 시간이 없었다면, 피부로 고통받는 이들의 마음을 이해하고 그들을 위한 화장품을 만드는 일은 불가능했을 것이다. 다시는 돌아가고 싶지 않았던 그 지옥 같은 시간들이, 이제는 많은 이들의 위로가 되어 돌아왔다.

지금 겪고 있는 죽을 듯한 고통도, 언젠가는 웃으며 이야기할 수 있는 추억이 될 것이다. 어쩌면 그 경험이 또 다른 누군가에게 빛이 될지도 모른다. 그러니 현재의 고통에 너무 절망하지도, 오늘의 행복에 안주하지도 말자. 인생은 끊임없이 변화하고, 우리가 할 수 있는 건 그저 포기하지 않고 한 걸음씩 나아가는 것뿐이다.

3

인생에서 버릴 경험은 없다

이삼십 대까지 나는 '실패'라는 단어를 견디기 어려워했다. 아니, 부끄러워했다고 표현하는 것이 더 적절할지도 모르겠다. 실패는 지워야 할 오점처럼 여겨졌고, "실패는 성공의 어머니"란 말은 실패자들의 변명으로만 들렸다. 그래서 확실히 성공할 것 같은 일만 선택했고, 자신 없는 도전은 가족에게조차 알리지 않았다.

그러다 아이를 낳고 직장을 그만둔 후, 몇 달간의 전업주부 생활은 일에 대한 갈증을 키웠다. 교사인 언니와 오빠가 보건교사 임용을 권했을 때, 나는 실패가 두려워 남편에게만 말하고 공부를 시작했다. 돌이 지난 아이를 맡기고, 새벽부터 밤까지 공부에 매달렸다. 그런데 신기하게도 공부가 즐거웠다. 간절한 마음으로 시작한 공부였기에 깊이 파고들수록 더 재미있었다. 인생 처음으로 배움 자체의 재미를 느꼈다. 28대 1의 경쟁률을 뚫고 1차 합격했을 때는, 면접만 남았다며 자신만만하게 주변에 알렸다. 아버지는 "역시 내 딸이야"라며 자랑스러워하셨다.

쥐구멍을 찾던 그날, 새로운 기회가 열리다

하지만 면접장에서 머리가 하얘졌다. "집단 따돌림에 대한 해결 방안 5가지를 말해보라"는 질문에 "다시 할게요"라는 말만 세 번 반복하고 나와버렸다. 1차 성적이 좋으니 괜찮을 거란 남편의 위로와 달리 결과는 불합격이었다. 축하해주던 모든 이들을 생각하면 쥐구멍이라도 찾고 싶었다.

그러던 중 간호학원의 강사 모집 공고를 보았다. 간호사 퇴직 직후에도 비슷한 제안을 받았지만, 그땐 자신 없어 거절했었다. 하지만 이번엔 달랐다. 임용 준비하며 깨달은 공부의 재미가 새로운 자신감을 불어넣어 주었다. 서른셋에 시작한 첫

강의, 나보다 나이도 경력도 많은 학생들의 '뭐, 얼마나 잘하겠어?' 하는 눈빛이 느껴졌다. 그런 시선에 아랑곳하지 않고 강의를 시작했고, 얼마 지나지 않아 그들의 표정이 달라지기 시작했다.

강의가 끝나자 학생들이 몰려와 "어디서 그런 열정이 나오는 거예요?"라며 감탄했다. "고등학교 때 이런 선생님을 만났더라면 내 인생이 달라졌을 텐데 아쉬워요"라는 말을 들을 때면 가슴이 뭉클했다. 내 수업을 통해 간호학의 매력을 발견하고 간호대학에 진학한 학생, 매년 스승의 날마다 잊지 않고 찾아오거나, 연락 주는 제자들을 보며 보람을 느꼈다.

해가 갈수록 내 수업을 좋아하는 학생들이 많아졌고, 나는 10년 넘게 강사로 일하며 보람을 느꼈다. 임용 실패가 새로운 기회의 문을 열어준 셈이다. 그때 쌓은 간호학 지식은 좋은 강사가 되는 밑거름이 되었고, 나아가 화장품 제조 회사 대표로 서기까지 든든한 초석이 되었다.

화장품 사업을 시작한 계기는 아토피로 고생하는 아이를 키우면서 얻은 경험이었지만, 사업이 탄탄하게 성장할 수 있었던 건 의학 지식 덕분이었다. 특히 피부에 대한 전문성은 고객들에게 깊은 신뢰를 주었고, 수천 명의 고객과 진정성 있는 소통을 가능하게 했다.

이제야 깨닫는다. "실패는 성공의 어머니"란 말이 결코 실패자의 변명이 아님을, 쥐구멍을 찾고 싶던 그 순간들이 지금의 나를 만든 소중한 자산이었음을 말이다.

실수와 시행착오가 만든 값진 경험들

사업을 하며 원칙의 중요성도 배웠다. 초기에는 고객들의 고통이 안쓰러워 미입금 상태에서도 제품을 보내주곤 했다. 남편과 직원들이 원칙을 지키라고 충고했지만, 별 문제 없이 흘러가는 게 보여 정에 이끌려 계속했다. 그러다 결국 큰 교훈을 얻게 되는 사건이 발생했다.

어느 날, 20대 초반의 한 고객이 연락해왔다. 어릴 때부터 아토피로 고생했다며, 내 제품을 써보고 싶다고 했다. 평소처럼 상담 후 제품을 보냈고, 며칠 뒤 그녀는 피부가 좋아졌다며 대량 주문을 원했다. 입금이 늦어진다는 말에도 의심하지 않고 먼저 제품을 보냈다. 하지만 발송 후 며칠이 지나도록 입금은 없었다. 결국 연락했더니 그녀의 어머니가 전화를 받았다. 딸은 이미 해외로 유학을 떠났다고 했다. 오히려 입금을 확인하지 않고 제품을 먼저 보낸 내 잘못을 지적했다. 3개월 분할 납부를 약속했지만, 첫날 일부만 입금하고 그 후론 연락이 끊겼다.

돈을 잃은 것보다, 내 선의를 악용한 그 어린 고객이 더 마음 아팠다. 사업자는 기본 원칙을 지켜야 한다는 교훈을 얻은 후, 나는 미입금 상태에서는 발송하지 않는다는 원칙을 세우고 고객들에게 공지했다.

실패가 뜻밖의 기회를 만든 대표적 사례가 포스트잇이다. 3M의 과학자 스펜서 실버는 강력 접착제를 만들려다 실패했다. 약하게 붙었다 떼어지는 접착제는 당시엔 쓸모없어 보였다. 몇 년 후, 교회 성가대원이었던 아트 프라이는 찬송가에 끼워둔 메모지가 자꾸 떨어지는 문제로 곤란을 겪고 있었다. 그러다 문득 실버가 만든 '실패작' 접착제를 떠올렸다. 떼었다 붙였다를 반복할 수 있는 그 특성이야말로 자신이 찾던 해답이었다. 메모지에 이 접착제를 써보니 찬송가에는 흔적 하나 남지 않으면서도 메모지는 마음대로 떼어낼 수 있었다. 그렇게 포스트잇이 탄생했다. 예상치 못한 실패가 혁신적 발명의 씨앗이 된 것이다.

나도 제품을 만들며 비슷한 경험을 했다. 어느 날 급한 일로 비누 제조를 중단하게 되었는데, 끓여놓은 비누 베이스를 어쩔 수 없이 냉장고에 넣어두었다. 며칠 뒤 그 원료로 다시 비누를 만들어보니, 놀랍게도 거품이 더 풍성하고 세정력도 뛰어났다. 의도치 않은 냉장 숙성이 더 좋은 제품을 탄생시킨 것이다. 이후에도 제조 과정에서 여러 실수와 실패를 반복했지만, 그 속에서 뜻밖의 발견을 하곤 했다. 우리 제품이 꾸준히 발전할 수 있었던 건, 바로 이런 시행착오 속에서 얻은 경험 덕분이었다.

고객들과 상담하며 그들의 피부가 나아지는 것을 볼 때면 이루 말할 수 없는 보람을 느낀다. 물론 예상치 못한 상황들로 마음이 깊이 다치기도 했다. 하지만 그 모든 순간이 나를 더 단단하게 만들었고, 더 현명한 선택을 할 수 있는 지혜를 주었다. 인생에는 정말 버릴 경험이 하나도 없다는 것을 이 과정에서 깨달았다. 이제는 실패가 두렵지 않다. 특히 고객들과 나누는 진심 어린 소통은, 내가 겪은 모든 실패와 고난이 결코 헛되지 않았음을 매일 일깨운다.

지나온 시간과 앞으로 마주할 도전들이 나를 더 성장시키고, 더 나은 내일로 이끌어줄 것을 믿는다. 그래서 오늘도 나는 도전하고, 때론 실패하고, 다시 일어선다.

4

절망의 끝에서 피어난 사명감

"정말 너무하네요. 벌금 500만 원이라니…. 서류도 제대로 검토하지 않고 관례대로 처리한 겁니다. 300명이 넘는 분들이 써준 탄원서를 하나도 안 읽은 거예요. 몇 장만 봤어도 얼마나 좋은 뜻으로 한 일인지 알았을 텐데. 너무하네요, 항소합시다!"

"신경 써주시고 애써주셔서 감사해요. 하지만 저는 이걸 인생 공부라 생각하고 여기서 멈추려고요."

2016년 9월, 화장품 불법 판매 신고에 대한 검찰 판결을 두고 담당 경찰관과 나눈 대화다. 내 아이의 깨끗해진 피부 덕에 입소문이 나기 시작했고, 찾아오는 이들에게 원료비만 받고 화장품을 나누던 시절이었다. 그런데 그것이 불법 판매로 신고를 당한 것이다. 2016년 8월, 난생처음 경찰서를 찾은 나는 두려움과 긴장 속에서 눈물을 흘렸다. 그때 담당 경찰관이 내게 말했다.

"사건 내용을 읽고 정말 감동받았습니다. 저도 어릴 적에 심한 아토피였거든요. 저를 위해 안 해본 게 없으신 우리 어머니가 생각났어요. 정말 대단한 일을 하고 계시네요. 다른 사람들에게 해를 끼친 게 아니라 오히려 도움을 준 거니까, 선처받으실 수 있도록 잘 처리하겠습니다."

그러나 예상과 달리 벌금형이 나오자, 담당 경찰관은 내게 미안한 마음이 컸던 것이다. 나는 항소 없이 벌금을 납부하기로 하고 경찰서를 나섰다. 지금은 담담히 이야기할 수 있지만, 그때는 내 인생에서 가장 괴롭고 힘든 시간이었다.

법을 몰랐던 순수한 마음이 불러온 시련

이 일은 2016년 7월 중순으로 거슬러 올라간다. 화장품 불법 판매 신고를 받고 공무원 두 명이 집으로 찾아왔다. 들어서

자마자 신고 내역을 보여주며 “화장품은 식약청 관할이고, 허가 없이 지인한테 주는 것도 불법입니다. 3천만 원 이하의 벌금형을 받을 수 있어요”라고 했다. 화장품법을 전혀 몰랐던 나는 갑작스러운 그들의 방문에 심장은 쿵쾅거리고 입이 바짝 말랐다.

놀란 마음을 달래며 법을 몰랐던 점을 사과했다. 그리고 내 화장품을 쓴 분들과 주고받은 문자, 카톡, 홈페이지 내용을 보여드렸다. 특히 심각한 피부 상태로 고통받던 분들의 피부가 깨끗하게 변해가는 과정을 담은 사진들을 하나하나 설명했다. 그들이 스스로를 “시아로 가족”이라 부르며 고마워하고 행복해하는 모습이 내게 얼마나 큰 보람이었는지를 진심을 담아 전했다.

조사 나온 공무원들의 태도가 점차 달라지기 시작했다. 고객들의 글을 보는 내내 “와우, 정말 감동이네요”라는 탄성을 쏟아냈다. 훌쩍이는 나를 보며 “이렇게 좋은 일을 하는 분을 신고하다니…”라며 오히려 위로해주었다.

“정말 좋은 일 하고 계세요. 하지만 안타깝게도 법이라는 게…. 곧 관할 경찰서에서 조사 연락이 갈 겁니다. 저희가 최대한 선처 받으실 수 있게 상세히 보고 올리겠습니다.”

그 후에도 담당 공무원들은 처리 과정을 상세히 설명해주고, 내 상태를 걱정하며 수시로 안부 전화를 해주었다. 하지만 그들의 호의와는 별개로 법을 몰랐던 나 자신이 한없이 한심스러웠다. '시아로 가족'이라 부르며 소통하던 홈페이지와 블로그를 서둘러 닫았다. 제품을 요청하는 이들에게는 "불법 판매 신고로 더 이상 제공할 수 없다"는 답변을 보냈다.

그 순간, 나는 절망의 끝자락에 서 있었다. 원료비만 받았으니 문제없을 거라 믿으며, 좋은 일이라는 자부심으로 열심히 만들어온 것들이 한순간에 무너져내렸다. '이제 그만하자. 그동안 소홀했던 가족이나 챙기자.' 나는 모든 것을 내려놓기로 결심했다.

진심은 언제나 또 다른 진심을 만난다

하지만 내가 그만둔다는 소식은 예상보다 더 큰 반향을 일으켰다. "이제 겨우 사람처럼 살게 되었는데, 이제 전 어떻게 살아야 하나요?"라며 대성통곡하는 전화가 쏟아졌다. "신고자가 원망스럽다", "천벌을 받으라고 빌겠다"는 분들도 있었다. 나는 그분들께 "저도 신고자가 밉습니다. 하지만 이건 제 무지가 빚은 일이라 제가 죄송합니다."라고 사과했다.

"누군가를 미워하는 마음이 오히려 우리를 더 괴롭게 할 거예요. 그런 마음 대신, 저는 이 상황을 받아들이고 더 나은 길을 찾으려 합니다. 힘들겠지만, 우리 모두를 위해 마음을 가볍게 가졌으면 좋겠어요"라고 위로의 말도 전했다.

그런데 놀라운 일이 일어났다. 매일 핸드폰으로 커피, 케이크, 상품권 쿠폰이 도착했고, 집 앞에는 옷, 머플러, 과일, 떡 같은 선물이 쌓이기 시작했다. 멀리서 직접 찾아와 집앞에 꽃이나 과일을 조용히 놓고 "힘내라"는 문자만 남기고 가시는 분들도 있었다.

"돈으로 해결할 수 있는 건 일도 아니에요"라며 벌금을 대신 내겠다는 분들부터, 사업 자금과 제조 장소를 제공하겠다는 손길도 이어졌다. 식사 초대도 끊이지 않았고, 제품 사용자들끼리 조합을 만들자는 제안도 있었다. 한 고객은 화장품 공장을 운영하는 지인에게 직접 소개해주기도 했다.

더욱 감동적이었던 것은 300여 명이 넘는 분들이 나의 선처를 바라는 탄원서를 보내주신 것이다. 각자의 친구, 친척, 지인들의 탄원서까지 모아 우편으로, 메일로, 또 직접 찾아와 전해주었다. 이렇게까지 많은 사랑과 도움을 받아도 되는 걸까 싶을 만큼, 그분들의 마음이 가슴 깊이 닿았다.

내 인생 최대의 절망 속에서 가장 따뜻한 위로를 만났다. 그 모든 응원이 내게 깨달음을 주었다. '이렇게나 많은 사람이 내가 다시 일어서기를 바라는구나. 여기서 멈추면 안 되겠어.' 이 생각은 곧 화장품 제조 공장을 직접 운영할 방법을 찾아나서게 하는 원동력이 되었다.

화장품법을 공부하면서 놀라운 사실을 알게 됐다. 그동안 화장품 제조 허가 자격이 "의사, 한의사, 약사, 미생물학 및 화학 전공자"로 제한되어 있었는데, 신고를 당한 바로 그 2016년에 "간호학과와 전자공학 등의 전공자"들이 추가된 것이다. 나는 간호학을, 남편은 전자공학을 전공했다. 비록 남편은 미국 IT 회사에서 일하고 있어 함께할 순 없었지만, 이 우연의 일치는 단순한 우연 이상으로 느껴졌다.

'하느님이 인간에게 시련을 주실 때는 다 이유가 있고, 탈출구도 함께 주신다더니….' 정말 그랬다. 2016년 12월 17일, 마침내 식약청으로부터 화장품 제조 및 제조판매업 정식 승인을 받았다. 절망스러웠던 불법 신고 사건이 오히려 축복이 되어, 합법적인 사업의 길을 열어준 것이다.

이 사건은 내게 깊은 깨달음을 주었다. 아무리 진심을 다해도, 법의 테두리 안에서 지켜야 할 것들이 있다는 것을 알게 되었다. 이후 나는 더욱 신중하게 사업을 운영하고, 모든 법적 절차를 꼼꼼히 살피게 됐다.

이제는 힘든 일이 생길 때마다 이렇게 생각한다. '하느님이 나를 통해 또 어떤 뜻을 이루시려는 걸까? 분명 어딘가에 해결의 실마리도 준비해두셨을 거야.' 이런 마음가짐이 좌절 대신 희망을 보게 해주었다. 또한 누구나 세상에 태어나 존재하는 이유가 있다고 믿게 되었다. 특히 이 사건과 시아로 사업을 운영하면서 내 존재의 이유가 화장품을 개발해 사람들의 피부 개선을 돕는 것이라는 신념을 갖게 되었다. 이 신념이 착각일 수 있지만 그 착각이 나에게 삶의 의미를 부여하고, 나 자신과 내 인생을 더욱 사랑하게 만들었다.

힘든 시간이었지만, 오히려 이 사건 덕분에 내 일에 대한 사명감이 더 깊어졌고, 나를 더 나은 방향으로 이끌어갔다. 절망의 끝자락에서 피어난 사명감이기에 그 의미가 내게 더욱 각별하고 소중했다.

각자가 자신의 존재 이유나 하는 일에 대해 의미를 부여한다면, 힘든 일도 조금 가벼워질 수 있고, 삶은 더욱 풍성해져 지금보다 더 행복해질 것이라고 나는 믿는다.

5

오지랖이 자부심이 되는 순간

"한국발명여성협회입니다. 세계여성발명대회에서 '2등 세미그랑프리상'을 수상하셨습니다. 10월 29일 시상식에 참석 가능하신가요?"

2020년 10월의 어느 날, 예상치 못한 전화를 받았다.

특허청과 여성발명협회가 공동 주최하는 세계발명여성대회는 주로 특허를 보유한 사업체들이 참가한다. 나는 아토피, 주사, 여드름, 지루성피부염, 화폐상습진, 건선, 한포진 등 7가지 피부 질환의 개선 효과를 인정받아 2020년 3월에 특허를 취득했고, 이를 바탕으로 대회에 참가했다. 전 세계 17개국 320

업체가 참가한 그해 대회에서 2등을 차지했다는 소식에 나는 놀라움과 기쁨을 감출 수 없었다.

내 사업은 아토피로 고통받던 아이로부터 시작되었다. 다른 이들이 우리가 겪은 고통을 겪지 않기를 바라는 '오지랖'에서 시작한 일이었다. 피부 질환으로 고통받는 이들의 호소를 듣느라 끼니도 거르며 상담하고 제품을 만들던 날이 이어졌다. 그러나 "시아로는 축복이고 행복입니다. 피부 고통에서 벗어나 새로운 삶을 살게 해주셔서 감사합니다"라는 고객들의 격려에 힘입어 열정적으로 사업을 이어갈 수 있었다.

그러나 그 과정은 결코 순탄하지 않았다. "당신이 피부과 의사냐?"라는 비판과 함께, 스테로이드 사용을 중단하게 해서 상태가 악화됐다는 원망을 들었을 때는 마음이 무너졌다. 힘들어하는 고객들에게 진심을 담아 제품을 하나라도 더 보내며 위로하려 했지만, 그 마음이 전달되지 못했을 때의 좌절감은 이루 말할 수 없었다. 결국 늘 곁에서 지지해주던 남편마저 "우리 아이 피부로 힘들었던 걸로 부족해? 왜 남의 피부 때문에 그렇게까지 고생하는 거야. 제발 그만하자!"라며 안타까워했다.

그러나 이런 순간들이 오히려 나를 더 단단하게 만들었다. '한 사람이라도 더 개선 사례를 만들고, 시아로 제품의 효과를 입증하겠다'는 오기가 생겼다. 고객들에게서 공통으로 나타나는 변화 과정을 분석하고 연구하여, 그 원인과 예상되는 진행 과정을 상세히 설명할 수 있게 되었다. 이제는 제품 사용 중 증상이 악화되어 힘들어하는 고객들에게, 이 과정을 견뎌내면 반드시 좋아질 것이라는 확신을 가지고 설명할 수 있게 되었다.

포기하지 않는 열정이 만든 새로운 가능성

피부는 표피, 진피 그리고 미세혈관과 신경이 밀집한 피부밑 조직으로 이루어진다. 특히 피부밑 조직에 분포된 미세혈관은 산소와 영양소를 공급하고 노폐물을 제거하는 핵심 역할을 한다. 예민하거나 문제성 피부는 대체로 얇기 때문에 가는 실핏줄 같은 혈관이 얇은 피부를 뚫고 비쳐 붉어 보이는 경우가 많다. 피부 염증은 주로 미세혈관에 노폐물이 쌓이면서 발생하며, 마치 고인 물이 썩듯이 트러블과 함께 열감, 통증, 따가움, 가려움을 유발한다. 이러한 염증을 해결하려면 혈관에 쌓인 노폐물을 제거하고, 피부와 조직을 두껍게 만들어 강화시키는 것이 중요하다. 이는 혈관의 탄력성을 회복하고 혈액을 맑게 하는 과정을 통해 이루어진다.

시아로 로션과 크림은 이러한 피부의 자연 치유 과정을 촉진한다. 제품이 피부에 흡수되면 수분과 영양을 공급해 피부 모공과 피부밑 조직의 탄력성을 높인다. 이렇게 탄력성이 높아진 피부밑 조직에 있는 미세혈관은 활발히 활동하며 혈액순환을 촉진한다. 약물을 사용해온 고객들의 경우, 조직내에 염증 노폐물들이 배출되는 과정에서 트러블, 발적, 부종, 열감, 가려움과 같은 증상이 더 심하게 나타날 수 있다. 또한 스테로이드로 인한 병리적 변화 과정에서 부종이나 열감, 가려움 등을 더 심하게 겪을 수 있다.

이 모든 과정이 피부 회복의 자연스러운 단계임을 제품 사용 전에 고객들에게 충분히 설명한다. 그럼에도 실제로 이러한 증상을 겪게 되면 많은 고객이 불안해하며 주말과 밤낮을 가리지 않고 반복적으로 문의해왔다.

피부가 개선될 때까지 같은 설명을 끊임없이 반복하다 지칠 때도 많았다. 주변에서는 근무 시간 외에는 전화를 꺼두라고 권했지만, 응급 상황에 대비해야 한다는 생각에 몇 년간 쉼 없이 전화를 받았다. 다행히도 이러한 노력 덕분에 수많은 고객이 회복 과정을 잘 견뎌내 피부가 호전되었고, 그들의 후기와 상담 기록들은 새 고객들에게 믿음과 용기를 주어 성공 사례는 지금도 꾸준히 늘어나고 있다.

진심을 다한 노력은 반드시 결실을 맺는다

세계여성발명대회에서 수상했다는 소식을 듣는 순간, 지나온 힘든 시간들이 주마등처럼 스쳐갔다. 이 상은 그간의 상처에 대한 위로이자, 오지랖처럼 보였던 나의 진심이 자부심으로 승화되는 순간이었다.

사실 나는 수상을 기대하기보다는 그저 그동안의 노력과 결실을 세상에 알리고 싶어 대회에 참가했었다. 참가 기회를 얻은 것만으로도 감사했기에, 심사위원들 앞에서 우리 회사의 탄생 스토리부터 피부 환자들의 회복 사례까지 자신감 넘치게 발표할 수 있었다. 발표 중 심사위원들이 보내준 박수와 진지하게 경청하는 모습에서 깊은 감동을 느꼈다. 내 이야기를 들려줄 곳이 있고, 그것을 열심히 들어주는 이들이 있다는 사실만으로 큰 행복이었다. 이 경험을 통해 오지랖으로만 보였던 나의 노력이 진정한 가치를 인정받을 수 있음을 확신하게 되었다.

발표가 끝나자 심사위원들은 심각한 피부 질환자들의 개선 사례가 이토록 많다는 사실에 놀라며 질문을 쏟아냈다. 나는 대부분의 고객이 한방과 양방은 물론 민간요법까지 모든 것을 시도해보고 실패한 후에야 마지막 희망을 안고 시아로 제품을 찾게 된다고 설명했다. 그들이 시아로 제품으로 피부 개선을 경험한 후 자발적으로 커뮤니티에 후기를 공유하면서, 점점 더 많은 이들이 시아로를 찾게 되었고 이것이 사업 성장의 원동력이 되었다고 이야기했다.

심사위원들은 아이의 아토피를 치료하려는 엄마의 마음만으로는 이런 제품을 개발하기 어려웠을 것이라며, 화장품을 만들게 된 계기를 물었다. 나는 아토피 아이를 둔 엄마이자 간호학 전공자로서, 더 나은 화장품을 만들고자 보건대학원 피부뷰티학과에 진학했다고 답했다. 그곳에서 약학, 한의학, 피부학, 건강식품 등을 배우며, 천연 원료의 특성과 약물의 작용, 부작용을 깊이 연구했다. 이러한 지식을 바탕으로 제품을 발전시켜 좋은 등급의 원료를 선택하고, 방부제나 화학적 유화제 없이도 제품을 만들 수 있었으며 이것이 탁월한 피부 개선 효과로 이어졌다고 설명했다.

이어서 "피부 문제는 피부만의 문제가 아니라 내부적인 문제도 해결해야 하지 않느냐"는 질문이 이어졌다. 고객들에게 자주 받는 질문이라 익숙하게 답할 수 있었다. 피부는 소화기나 호흡기와 밀접한 관련이 있지만, 무엇보다 피부 자체가 두꺼워져서 방어 기능을 해야 한다고 설명했다. 피부의 중요한 기능 중 하나는 노폐물 배출인데, 건강한 피부는 이 과정을 무리 없이 처리하지만 예민하거나 얇아 약한 피부는 노폐물로 인해 가려움, 따가움, 염증 등이 생길 수 있다고 덧붙였다. 따라서 피부에 영양과 수분을 공급해 두껍고 탄력 있게 만드는 것이 중요하다고 강조했다. 마지막으로 계란 알레르기가 있던 고객들이 시아로 제품 사용 후 개선되어 계란을 다시 먹을 수 있게 된 사례를 들며 설명을 마무리했다.

쏟아지는 질문에 막힘없이 자신감 있게 답변을 마치자 심사위원들의 박수가 터져 나왔고, 나는 그동안 하고 싶었던 이야기들을 모두 털어놓은 듯한 후련함을 느꼈다. 세계 17개국 320개 팀 중에서 2등인 세미 그랑프리상을 수상하게 되었다는 소식은 그 어떤 말로도 표현할 수 없는 감동이었다.

이번 경험을 통해 열심히 노력하면 반드시 좋은 결과가 따라온다는 것을 다시 한번 실감했다. "뿌린 대로 거둔다"는 속담처럼, 진심 어린 마음에서 시작한 오지랖은 결국 값진 결실을 맺었다. 지금 이 글을 읽는 모든 분들에게 말하고 싶다. 때로는 힘들고 지칠 수 있지만, 오지랖이 자부심이 되는 순간이 반드시 올 것이라고.

6

행동하는 사람이 만드는 기적

나는 좋은 물건이나 유익한 정보를 발견하면 주변 사람들과 나누고 싶어 하는 '오지랖'이 있다. 이런 나의 성향은 종종 뜻밖의 좋은 결과로 이어졌다. 둘째 아이의 유치원 친구네 할머니, 할아버지가 운영하시는 포도 과수원을 방문했다가 구매한 포도가 너무 맛있어서 친구들과 지인들, 아파트 주민들에게 적극 소개했던 경험이 대표적이다.

포도 몇 상자를 우리 집으로 한꺼번에 배달받아 아파트 주민들에게 당일 찾아가게 했다. 시간을 맞춰 이웃들을 맞이하고 전달하는 일은 무척 번거로웠지만, 포도농사를 그만두게 될 때까지 몇 년간 지속될 만큼 만족스러워하는 이웃들을 보며 판매자와 구매자 모두가 기뻐하는 모습에 보람을 느꼈다. 사람들에게 유익함을 전하는 일에는 작지만 강력한 힘이 있음을 느꼈다. 대가 없이 좋은 것을 나누고자 하는 순수한 마음은 주변 사람들과의 소중한 연결 고리가 되어주었다.

아이의 건강을 위한 실천, 나의 행복이 되다

나의 오지랖은 일상에서 여러 모습으로 나타났다.

아토피로 고생하는 아이를 키우면서, 나의 삶은 자연스레 아이의 피부 건강을 중심으로 흘러갔다. 읽는 책이나 배우는 것들도 대부분 아토피와 관련된 것들이었지만, 그 과정에서 예상치 못한 기쁨을 발견했다. 시중에서 파는 빵이나 아이스크림을 먹고 가려워하는 아이를 보며 시작한 빵 만들기는, 유화제와 첨가물 없는 건강한 간식을 만들어주고 싶은 마음에서 시작됐다. 어느새 가족들이 "또 만들어?"라고 말할 정도로 나는 빵 만들기에 푹 빠져 들었다.

부드럽게 부풀어 오르는 밀가루 반죽, 노릇노릇 예쁜 갈색으로 익어가는 빵을 보고 있으면 마치 작은 예술 작품을 빚는 듯했다. 집 안 가득 퍼지는 고소한 향기는 나의 영혼까지 황홀하게 했고, 정성스레 구운 빵을 나누는 순간의 행복은 더욱 특별했다.

아이의 피부를 생각하며 시작한 일들은 하나둘 늘어났다. 공방에서 배운 재봉 미싱으로 민감한 피부를 위한 부드러운 옷과 담요를 만들었고, 그것들 역시 주변 지인들을 위한 마음이 담긴 선물이 되었다. 아이를 위해 시작한 주말농장은 우리 가족에게 도시 속 작은 행복을 선물했다. 유기농 채소와 과일을 이웃들과 나누며, 아파트 생활 속에서도 시골의 따뜻한 정을 나눌 수 있었다.

고기를 먹을 때도 여전한 가려움을 덜어주고 싶어 개발한 숯불 훈제 요리는 뜻밖의 즐거움을 가져다주었다. 고기를 맛있게 먹으면서도 덜 긁는 아이를 보며 안도했고, 주말농장에서 지인들과 함께하는 훈제 고기 파티는 소소한 행복이 되었다. 이런 경험이 사업 아이디어로 떠오르기도 했지만, 지금은 가족과 지인들과 나누는 일상의 기쁨으로 남겨두기로 했다.

간호사 시절부터 몸에 밴 청결 습관은 아이의 아토피로 인해 더욱 깊어졌다. 이불 먼지 하나에도 가려워하는 아이를 보며 자연스레 '청소광'이 되어갔다. 다른 집을 방문할 때면, 그곳의 청소 상태가 나의 마음을 들었다 놨다 했다. 깨끗한 집을 보면 더 깨끗하게 하고 싶은 의욕이 생겼고, 그렇지 않은 집을 보면 우리 집 관리에 더욱 신경이 쓰였다. 이런 작은 관심과 노력들이 모여 아이의 건강한 삶을 만들어가는 밑거름이 되었다.

나의 이런 청소 습관을 잘 아는 남편은 유독 열심히 청소하는 날이면 "오늘은 어디 다녀왔어?"라며 다정하게 물었다. 아이 친구 엄마들은 내게 '청소 전문가 자격증'에 도전해보라고 권하기도 했다.

나누는 즐거움이 가져다준 특별한 기회들

어느 날 큰아이 친구 엄마가 우리 집 냉장고를 보더니 "어떻게 이렇게 정리가 잘되어 있지?"라며 감탄했다. 자신의 냉장고는 검은 봉지들로 가득해서 어디서부터 손대야 할지 모르겠다고 했다. 그래서 그 집을 직접 방문해 냉장고와 냉동고를 정리하며 노하우를 알려주었다. 나중에 그 집 아이가 정리된 냉장고를 보고 "엄마, 냉장고 마법사가 다녀갔어?"라며 좋아했다는 이야기를 들으니 가슴이 따뜻해졌다. 이후로도 여러 이웃의 냉장고를 정리해주었다. 작은 오지랖이 누군가에게 기쁨이 되고,

그 기쁨이 다시 나에게 돌아오는 순간들이 참 행복했다.

아토피로 고통받는 아이를 위해 화장품을 직접 만들기 시작한 것도 비슷한 마음에서였다. 시중 제품을 사용하자 알레르기 반응이 나타나면서 오일과 물을 배합해 부드러운 로션을 만들기 시작했고, 예쁜 비누를 만드는 작업에도 빠져들었다. 정성스레 만든 제품을 지인들에게 선물하며 작은 기쁨을 나누었고, 배우고 싶어 하는 이들을 집으로 초대해 만드는 법을 알려주기도 했다.

지인들은 비누와 로션을 만드는 과정을 보고 신기해하면서도, 제조가 끝날 무렵이면 대부분 "아고… 어떻게 이렇게 힘들게 만들어요? 저는 그냥 사서 쓰겠어요"라며 고개를 저었다. 물론, 나 역시 만드는 과정은 조금 힘들지만 완성된 결과물을 보면 예술 작품을 내놓은 듯한 뿌듯함이 밀려왔다. 그 특별한 기쁨을 그들도 알았으면 하는 마음이 들었다.

아이의 아토피가 좋아지는 과정을 본 지인들은 그 비법을 물었다. 나는 그들의 아이들을 집으로 초대해 우리 아이를 위해 했던 대로 직접 씻기고 보습제를 발라주었다. 우리 집에 오기 어려운 지인들은 내가 직접 찾아가 씻기는 방법부터 보습제 바르는 법까지 하나하나 알려주었다.

아토피를 극복한 사례들을 읽을 때마다, 언젠가 나도 이 경험을 나눌 수 있기를 바랐다. 그리고 내 아이가 건강해지면 이 비법을 꼭 다른 이들과 나누리라 다짐했다. 지금의 작은 실천들은 그때의 다짐을 조금씩 실천해가는 과정이었다.

나는 어떤 어려움 속에서도 극복하려는 노력을 멈추지 않았고, 그 과정에서 얻은 것들을 나누고 싶어 선한 오지랖을 부렸다. 이런 마음은 단순한 관심을 넘어 실제로 도움을 주는 행동으로 이어졌고, 마침내 피부 건강을 돕는 화장품 회사를 창업하기에 이르렀다. 덕분에 수많은 이들의 피부가 건강해지는 데 도움을 줄 수 있었다.

선한 마음이 실천으로 이어질 때, 그것은 세상을 바꾸는 강한 힘이 된다. 오늘의 나를 있게 한 것도 바로 이런 작은 실천들이었다. 누구든 자신의 자리에서 조금의 오지랖을 부린다면, 그것이 비록 사소해 보일지라도 누군가의 삶에 변화를 만들고, 결국 자신에게도 놀라운 기회가 될 수 있다. 작은 행동이 큰 변화의 시작임을, 나는 확신한다.

7

씨앗이 되는 말의 힘을 믿다

"정말 복 많이 받으실 거예요."

내가 고객들에게 가장 자주 듣는 인사다. 그때마다 나는 웃으며 "그 말씀을 수백 번은 들었는데, 그 복은 언제쯤 오려나요?"라고 농담처럼 되묻곤 했다. 하지만 "말은 씨가 된다"는 믿음으로 언젠가는 복이 올 거라 여기며 기대를 놓지 않았다.

돌이켜보니 그 복은 늘 내 곁에 있었다. 가족 모두가 건강하고 평안하며, 내 일에 온전히 집중할 수 있는 지금이야말로 복을 누리는 순간이었다. 어려움이 닥칠 때마다 해결의 실마리를 찾을 수 있던 것도 큰 복이었다. 갑작스러운 이사를 결정했을 무렵에 때마침 살던 아파트 가격이 올랐고 시세보다 저렴한 급

매물을 만나 순조롭게 이사할 수 있었다. 그때도 나는 이 모든 게 복이라 생각했다.

사업장 계약이 무산되었을 땐 속상했지만, 오히려 그 덕분에 더 좋은 조건으로 지금의 사업장을 찾을 수 있었다. 큰돈이 갑자기 필요할 때면 남편이 연봉 인상을 받거나 스카우트 제의로 퇴직금이 생기는 등 작은 행운들이 이어졌다.

가장 큰 복은 부모님의 뜻밖의 선물이었다. 시골에서 농사짓는 부모님은 어릴 적부터 "성인이 되면 경제적으로 자립해야 한다"며 교육의 중요성을 강조하셨다. 어려운 형편에도 우리 형제 자매를 대학까지 보내주신 것만으로도 감사하며, 우리는 모두 각자의 힘으로 결혼까지 했다. 누구도 불만 없이 감사한 마음으로 살아왔다.

그러던 어느 날, 부모님의 농지가 아파트 부지로 선정되면서 예상치 못한 보상금을 받게 되셨다. 처음에는 부모님의 땅만 아파트 부지에서 제외되어 속상했지만, 이듬해 설계가 변경되면서 오히려 다른 주민들보다 더 큰 보상을 받게 되었다. 아버지는 "이제 용돈 보내지 마라"며 20년 넘게 드리던 용돈마저 거절하셨다. 부모님께서 노년에 경제적 여유를 누리시게 된 것만으로도 감사했지만, 예상치 못하게 아버지는 보상금을 우리 네 남매에게 고르게 나눠 주셨다.

덕분에 나는 오랫동안 바라던 화장품 제조를 위한 첨단 기계 구매를 앞당길 수 있었다. 친척들과 지인들은 우리 가족이 착하고 성실하게 살아온 덕분에 이런 복을 받은 거라며 기뻐해 주었다. 나는 그동안 수많은 이들이 건넨 "복받으실 거예요"라는 따뜻한 인사가 정말로 복이 되어 돌아왔음을 실감한다.

아픈 아이들의 희망이 되겠다는 다짐

"말이 씨가 된다"는 속담을 실감하게 된 일 중 하나가 바로 화장품 사업의 시작이었다.

초등학교 1학년이 된 아이는 아토피 때문에 급식도 먹기 힘들어하고 친구들과 어울리는 것도 힘들어했다. 그래서 나는 민간 기관에서 주최하는 2주짜리 아토피 캠프에 아이를 보냈다. 산속 절에서 열린 캠프에는 붉고 거친 피부로 고통받는 20~30명의 아이들이 대청마루에 옹기종기 모여 있었다. 이토록 많은 아이들이 피부 때문에 힘들어한다는 사실에 마음이 아팠다.

캠프에서는 아토피를 자연적인 방법으로 치유해야 한다고 강조했다. 약물은 오히려 증상을 악화시킬 수 있다는 것이었다. 나물과 채소 위주의 자연식을 먹고, 죽염으로 씻거나 바람을 쏘이는 등 다양한 프로그램이 이어졌다. 한 선생님이 네다섯 명의 아이들을 돌보았는데, 밤새 가려워하는 아이들을 달래느라 잠도 못 주무셨다는 이야기를 들으며 이 일에 담긴 사랑과 헌신을 느낄 수 있었다.

2주가 지나갈 무렵, 아이의 피부는 건조한 각질로 뒤덮였다. 얼굴과 온몸에서 각질이 떨어져 나가고 눈썹까지 희미해진 모습을 본 주변 사람들은 오히려 캠프가 상태를 악화시켰다며 걱정했다. 하지만 나는 이것이 스테로이드 중단 후 겪는 자연스러운 과정임을 알았기에, 오히려 약물의 위험성을 깨닫고 선생님들의 정성 어린 돌봄을 경험한 것이 소중한 배움이었다고 생각했다. 나는 지인들에게 "2주 만에 아토피가 완치될 거라 기대한 제 생각이 짧았네요. 더 많은 시간이 필요할 것 같아요"라고 말했다.

수십 명의 피부 상처가 가득한 아이들이 선생님들의 따뜻한 보살핌을 받던 모습은 지금도 내 마음속에 선명하다. 그 기억은 "언젠가 아토피로 고통받는 아이들을 위해 무언가를 하리라"는 다짐으로 이어졌다. 아이의 가려움에 막막하고 속수무책이던 순간에도 나는 "엄마가 너를 꼭 낫게 할 거야. 네가 다른 아이들의 희망이 되게 할 거야"라고 말했다. 그 말이 씨앗이 되어 지금의 화장품 사업으로 이어졌다고 믿는다.

말의 씨앗이 꽃피우리라 믿기에, 나는 간절한 마음을 담아 기도했다. 간절한 마음으로 찾아온 고객들의 이름을 하나하나 기도판에 적고, 그들의 피부가 반드시 회복되기를 기도했다. 이는 단순한 신앙의 표현을 넘어, 내 마음의 언어가 현실이 된다는 굳은 믿음이었다. 신기하게도 내가 간절히 기도한 고객들에게서는 늘 피부 회복의 기쁜 소식이 들려왔다. 이런 경험들이 쌓이며 나는 기도를 더욱 간절히 이어갔다.

놀랍게도 나를 위해 기도해주시는 분들도 늘 계셨다. 특히 시아로 제품으로 피부 문제를 해결하신 성직자분들은 "주님의 크신 사랑이 시아로 대표와 늘 함께하시길 바랍니다" 또는 "어려움을 이겨낼 힘과 지혜, 담대함을 얻으시길" 기도하신다고 격려하셨다. 이런 따뜻한 마음들이 나에게는 큰 힘이 되었고, 그분들의 기도가 씨앗이 되어 어려움을 극복하는 원동력이 되었다고 믿는다.

이 모든 경험을 통해 나는 "말이 씨앗이 된다"는 원리를 더욱 진지하게 받아들이기 시작했다. 진심을 담은 말 한마디가 새로운 기회와 성공의 씨앗이 된다고 믿게 되었고, 그래서 늘 긍정적인 말을 고르려 애썼다. 그렇게 주변의 모든 이에게 좋은 영향을 줄 수 있기를 바라면서 말이다. 이런 말의 힘은 나 자신은 물론, 다른 이들의 피부와 삶까지 변화시켰다. 그리고 그 변화는 다시 내가 성장하는 원동력이 되었다.

우리가 하는 말과 품는 생각은 씨앗이 되어 우리 삶과 주변 사람들에게 영향을 미친다. 비록 작은 말 한마디일지라도, 그 영향력은 결코 작지 않다. 그래서 우리는 매일 긍정적인 말과 마음을 품어야 한다. 그 작은 씨앗들이 모여 우리와 이웃들의 삶을 환하게 밝힌다.

CHAPTER

2

진심은 결코 배신하지 않는다

1

눈물로 시작해 웃음으로 완성된 여정

시아로는 내 아이의 아토피에서 시작되었다. 초등학교 4학년이 되어서도 심각했던 아토피 때문에 아이는 결국 5학년 때 휴학을 해야 했다. 그때 내가 직접 만든 로션과 크림으로 아이의 피부를 돌봤고, 덕분에 피부가 좋아져 이듬해 복학할 수 있었다. 아이의 건강해진 피부는 주변의 관심을 끌었고, 얼마 지나지 않아 피부가 예민한 아이를 둔 한 엄마가 찾아와 그 비결을 물었다. 며칠 후 내가 건네준 로션과 크림으로 아이의 피부가 좋아졌다는 감사 인사를 받았다.

그 후로 그 엄마는 아토피로 몇 년째 학교를 쉬고 있는 지인의 아이를 위해 제품을 부탁했고, 나는 기꺼이 나눠 주었다. 그 아이의 피부도 좋아졌다는 소식에 역시 무척 뿌듯했다. 이렇게 입소문이 퍼지면서 제품 문의가 하나둘 늘기 시작했다.

처음에는 아토피 개선 사례가 대부분이었지만, 점차 여드름, 지루성 피부염, 무좀, 물사마귀 등 다양한 피부 질환에서도 효과가 나타났다. 피부가 좋아졌다는 소식을 들을 때마다 보람을 느꼈고, 새로운 질환에 관한 문의가 올 때면 '이것도 도전해보자'는 의욕이 생겼다. 더 많은 피부 질환에 도움이 될 수 있다는 가능성을 보며, 나는 고객들의 피부 반응을 세심히 관찰하면서 피부질환 및 제품 개선 연구에 열중했다.

이러한 연구와 노력 덕분에 화폐상습진, 한포진, 건선, 주사 피부염처럼 현대 의학으로도 치료가 쉽지 않은 질환들에 효과를 보였다. 하지만 그 과정이 순탄하지만은 않았다. 약물이 오히려 부작용을 키운다는 사실을 깨달은 나는 피부 환자들에게 우선 약물을 끊어야 한다고 설명했다. 그러나 약물을 끊은 후 더 심해지는 탈 스테로이드 현상을 이해하지 못한 고객들은 나를 원망했고, 내 제품 때문이라며 항의하기도 했다.

입소문으로 제품을 찾는 이들이 늘면서, 처음에는 무료로 나누어 주던 것을 나중에는 원료비만이라도 받아야 했다. 원료비만 받으면서도 피부로 고통받는 이들에게 도움이 되고 싶은 마음이었기에, 내가 하는 일이 문제될 거라고는 생각하지 못했다. 그러다 화장품 불법 판매로 신고가 들어왔다. 다행히 내 제품으로 피부가 나아진 300여 명이 보내준 탄원서와 따뜻한 응원 덕분에 경찰 조사라는 어려운 시기를 견뎌낼 수 있었다.

이 사건은 오히려 새로운 도전의 계기가 되었다. "뭔가를 보여주겠다"는 각오로 화장품 회사를 설립했고, 위기가 기회로 바뀌는 전화위복을 경험했다. 인생은 새옹지마라는 옛말을 온몸으로 깨닫는 순간이었다.

사람들의 고통 속으로: 개발의 시작과 진심

화장품 사업의 시작과 함께 더 많은 피부 질환자를 만나게 되었다. 우리를 찾아온 이들은 대부분 오랜 세월 피부로 고통받으며 온갖 치료법을 시도했지만 실패한 분들이었다. 그들은 마지막 희망을 걸고 우리 브랜드를 찾았고, 나는 그 절박한 마음을 깊이 느끼며 정성을 다했다.

이렇게 진심을 다하다 보니 고객들의 삶에 자연스레 깊이 빠져들었다. 친구나 지인들과의 만남은 줄고 가족이나 친지들에게도 소홀해졌다. 많은 것을 내려놓으면서 오직 화장품에만 집중했다. 한마디로 시아로 화장품에 미쳐 있었다. 덕분에 고객들의 피부가 개선되는 것을 매일매일 확인했고, 도저히 이 일을 멈출 수 없게 되었다. 특히 10년 넘게 고생한 분들의 피부가 확연히 좋아지는 모습을 보며 느끼는 기쁨은 무척 컸고, 제품에 대한 확신도 더욱 단단해졌다.

제품은 많이 바를수록 빠른 회복을 보였기에, 나는 자주, 많이 바르라고 강조했다. 그러던 중 한 고객이 “수시로 자주 많이 바르라는 말이 너무 주관적이니 객관적인 방법을 알려달라”고 요청했다. 몇 년간의 한의학 치료에도 개선되지 않았던 주사피부염을 앓던 분이었다. 나는 “낫고 싶은 만큼, 간절한 만큼, 하루에 열 통을 바른다는 마음으로 발라보세요”라고 조언했다. 그 고객은 얼굴에 로션과 수분크림을 2~3일에 한 통씩 사용하며 두 달도 안 되어 뽀얀 피부로 변했고, 이 변화 과정을 다른 사람들이 볼 수 있도록 공개해주었다.

그 후에도 약물 부작용으로 전신이 화폐상습진으로 고통받는 고등학생 아들을 둔 어머니가 찾아왔다. 나는 다량 사용으로 단기간에 회복된 사례들을 설명하며, 빠른 효과를 보려면 하루 10통을 쓴다는 마음으로 수시로 발라야 한다고 조언했다. 그 어머니는 아이를 빨리 낫게 하고 싶은 간절함에 두 달간 학교도 보내지 않고, 하루 500미리리터에서 1리터까지 제품을 발랐다. 처음에는 증상이 더 심해지기도 했지만, 점차 호전되기 시작해 한 달 반 만에 건강한 피부로 학교에 돌아갔다. 보통 9개월이 걸리던 회복이 두 달도 안 되어 개선되었던 것이다.

이런 사례들은 "많이 바르면 모공이 막히지 않을까?", "피부가 숨을 못 쉬는 게 아닐까?" 하는 고객들의 걱정이 기우였음을 증명했다.

때로는 제품을 몇 개 써보고 효과가 없다며 악평을 남긴 고객도 있었다. 하지만 내 진심 어린 답변을 보고 다시 도전해 깨끗한 피부를 얻은 후, 이전에 남긴 악평을 사과하는 경우도 있었다. 처음엔 회의적이었던 고객들도 올바른 사용법을 익히고 재도전하면서, 긍정적인 변화를 경험한 후 열렬한 지지자가 되었다. 이런 사례들을 접하며 나는 더욱 확신을 갖게 되었다.

고객과 함께 성장하는 시아로의 이야기

당뇨병도 음식이나 운동으로 조절되는 경미한 경우와 인슐린 주사까지 맞아야 하는 경우가 있듯, 피부 질환도 그 심각도에 따라 개선에 필요한 양과 사용 방법이 다르다. 그래서 나는 때로는 집중 사용이 필요하다는 점을 고객들에게 이해시키기 위해 노력한다.

정식으로 사업을 시작한 지 어느덧 8년이 지났다. 10년을 향해 가는 시점에서 2천여 명이 넘는 피부 개선 사례가 쌓였다. 그 과정에서 우리 제품이 다양한 피부 문제 해결에 효과적이라는 확신을 갖게 되었다. 이 여정을 통해 "포기는 있어도 실패는 없다"는 믿음과 "개선되지 않는 피부 질환은 없다"는 확신도 생겼다.

이런 확신에 이르기까지는 참으로 긴 시간이 필요했다. 앞으로도 더 좋은 제품을 개발하며 더 신뢰받는 브랜드로 성장해 나갈 것이다. 그 과정에서 또 다른 예상치 못한 도전이 있겠지만, 나는 묵묵히 한 걸음씩 나아갈 것이다. 작은 경험과 열정이 모여 단단한 브랜드의 밑거름이 되리라 믿기 때문이다.

이 여정의 모든 순간이 나와 사업 성장을 위한 소중한 디딤돌이 될 것이다. 그렇게 쌓아올린 우리의 여정은 피부로 고통받는 이들에게 희망이 될 것이며, 다시 웃음을 찾게 하는 아름다운 이야기로 남을 것이다.

2

타협하지 않는 정직함의 힘

내가 화장품 사업을 시작한 가장 큰 이유는 고객들이 건강한 피부를 되찾아 더 이상 피부 질환으로 고통받지 않도록 하는 것이었다. 어쩌면 내 제품이 더 이상 필요하지 않을 만큼 완벽한 회복을 꿈꿨는지도 모른다. 이런 마음으로 제품을 만들다 보니 고객들의 피부가 좋아질 때마다 무엇과도 비할 수 없는 보람을 느꼈고, 모든 과정에 온 마음을 다할 수 있었다.

입소문이 퍼지면서 절박한 마음으로 찾아오는 고객들이 늘었고, 긴급한 상황에 대응하는 일도 잦아졌다. 전화, 문자, 홈페이지 댓글에 빠르게 응답하는 사이, 가족과의 시간은 점점 줄었다. 아이들에게는 분식집 음식으로 끼니를 때우게 하는 엄마가 되어갔고, 추운 날씨에도 반팔을 입고 다니는 아이들 때문에 "아이들을 너무 방치하는 것 아니냐"는 걱정 섞인 말까지 들었다.

일이 커질수록 내 일상은 무너져갔다. 그래서 나는 감사 인사를 전하는 고객들에게 "진심으로 감사하시다면 빨리 건강해지는 것이 최고의 보답입니다. 열심히 제품을 사용해서 얼른 회복하세요. 그래야 저도 제 생활을 찾을 수 있으니까요"라며 농담 반 진담 반으로 말하곤 했다.

완벽한 화장품을 만들고자 했던 것도 어쩌면 고객들의 빠른 회복을 바라는 마음, 그리고 그들의 고통에 깊이 공감하며 매일 소진되는 나 자신을 해방시키고 싶은 바람 때문이었을지 모른다. 다행히도 나의 바람대로 시간이 흐르면서 피부질환으로 찾아왔던 고객들이 점차 건강한 피부 유지 관리를 위해 사용하는 고객들로 변해갔다.

고객 신뢰의 기반이 된 세 가지 약속

이 과정에서 내 생활의 균형을 찾고자 고집스럽게 지켜온 세 가지 원칙은 우리 브랜드가 오랫동안 사랑받는 이유가 되었고, 앞으로도 이 원칙만큼은 절대 놓치지 않을 것이다.

첫 번째 원칙은 '고급 원료 고집하기'이다. 화장품을 처음 만들게 된 것은 "내가 세상을 떠난 후에도 아이가 평생 바를 수 있는 안전한 화장품 하나 만들어주자"는 마음에서였다. 내 아이에게 바를 제품이기에 최고 품질의 원료만을 고집했고, 이 제품으로 아이의 피부가 좋아지면서 시작된 화장품 회사에서도 나는 여전히 1등급 천연 원료를 고수했다.

화장품 원료를 고를 때는 아이의 음식에서도 많은 영감을 얻었다. 한 소아과 의사는 스테로이드의 위험성을 설명하며, 특별한 치료법이 없는 현실을 안타까워하다가 자연 성분에서 해답을 찾아보라며 달맞이유를 처방해주었다. 1년간 꾸준히 먹였지만 눈에 띄는 효과는 없었다. 그때 깨달았다. 아무리 좋은 영양제나 음식이라도 구강 섭취는 위산에 파괴되고, 간에서 해독되며, 일부는 배설되어 피부까지 전달되는 양이 적고 시간도 오래 걸린다는 사실을 말이다. 그래서 "먹어서 좋다는 것을 직접 피부에 바르면 어떨까" 생각하며 달맞이유를 화장품 원료로 선택했다. 하버드 대학에서 1등 식품으로 꼽은 올리브유도 효과를 확인한 후 원료로 채택했다.

한 지인이 한의원 보습제를 추천했을 때도, 여러 번의 실패 경험을 교훈 삼아 원료를 꼼꼼히 확인하고 효과와 안전성이 검증된 것만을 골랐다.

같은 원료라도 등급과 제조 공정, 생산지에 따라 품질과 가격이 천차만별이었다. 예를 들어 프로폴리스는 1등급부터 7등급까지 나뉘며, 1리터 가격이 몇천 원에서 수십만 원까지 다양했다. 나는 내 아이를 위해 1등급 프로폴리스를 선택했고, 창업 후 경제적으로 어려웠던 시기에도 이 원칙만큼은 절대 타협하지 않았다.

이런 원칙을 지키려다 예상치 못한 문제를 겪기도 했다. 어느 날 평소 거래하던 업체 직원에게서 연락이 왔다. 자신이 새 회사를 차렸다며 기존 원료를 더 저렴하게 공급해주겠다고 했다. 같은 원료를 더 낮은 가격에 구할 수 있다는 제안에 귀가 솔깃해져 주문했고, 늘 하던 대로 제품을 만들었다. 그러나 며칠 후 고객들로부터 "제품이 예전과 다르다"는 연락이 왔다. 확인하니 업체 담당자는 "저렴하게 달라고 하셔서 한 등급 낮은 제품을 보냈다"고 했다. 나는 "한 단계 낮은 원료를 원했다면 굳이 새 업체로 옮길 이유가 없었습니다"라고 대답했다. 업체는 사과하며 모든 원료를 수거했다. 이 사건 이후 나는 두 가지를 더욱 엄격히 지키기로 했다. 원료를 선정할 때는 물질안전보건자료MSDS를 반드시 검증하고, 원가 절감을 위해 품질을 낮추는 일은 결코 하지 않는다는 것이다.

두 번째 원칙은 '방부제를 사용하지 않는 것'이다. 피부 질환으로 고생하는 고객들은 무방부제 제품의 가치를 높이 평가하며 평생 이대로 유지해달라고 요청한다. 하지만 피부가 건강해지면 생각이 바뀌기도 한다. "아플 때는 냉장고에서 화장품 꺼내 쓰는 게 당연했는데, 이제는 귀찮아요"라며 방부제가 든 일반 제품으로 눈을 돌린다. 방부제를 넣으면 구매도 늘고 매출도 오를 수 있겠지만, 나는 이 제품이 본래 피부 질환 개선을 위해 시작되었다는 점을 잊지 않는다. 그래서 여전히 피부 질환자를 최우선으로 생각하며 이 원칙을 지켜나간다.

몇 년 전, 한 고객이 시아로 제품 사용법을 일반 화장품 사용법에 적용하여 아이에게 시중 화장품 몇통을 듬뿍 발랐더니 피부가 더 나빠졌다며 문의해왔다. 시아로의 권장사항대로 제품을 많이 바르면 좋을 것이라 생각했으나, 오히려 역효과가 발생했다. 이는 방부제 등 화학성분이 포함된 제품을 다량 사용할 때의 위험성을 보여주는 사례였다. 다행히 고객의 아이는 우리 제품으로 전환한 후 피부가 호전되었고, 이를 통해 방부제를 비롯한 합성 화학물질이 전혀 들어있지 않은 시아로 제품의 안전성을 다시 한번 확인할 수 있었다. 이를 통해 합성 방부제 무첨가 원칙이 얼마나 중요한지 다시 한번 확신하게 되었다. 그래서 최근 실온 보관이 가능한 제품을 개발하면서도, 원료비 부담이 크더라도 천연 보존제만을 고집했다. 피부 건강을 최우선으로 생각하는 이 원칙은 앞으로도 변함없이 지켜나갈 것이다.

세 번째 원칙은 '정밀한 원료 맞춤형 제조 방식'이다. 제품 효과를 극대화하기 위해 원료마다 최적의 온도와 용기를 꼼꼼히 따진다. 번거롭더라도 유리나 도자기에서 끓이는 게 좋은 성분은 별도로 처리하고, 시너지 효과가 있는 원료는 함께 섞어 끓이며, 서로 부정적 영향을 주는 원료는 따로 제조한다. 또한 시간을 단축하는 화학적 유화제 대신 16시간 이상 기계를 돌리는 방식을 고수했다. 제조가 끝나면 온몸이 땅속으로 꺼질 듯 피곤하지만, 고객을 위한 최선의 선택이라 믿는다.

최근에는 더 좋은 제품을 효율적으로 만들고자 과감히 첨단 제조 기계를 도입했다. 기존 제조 방식의 장점을 살리면서도 제조 시간은 단축하고, 생산과정을 더욱 정교하게 관리할 수 있게 되어 제품 품질도 한층 높아졌다. 앞으로도 기술과 전통의 조화를 통해 최상의 제품을 선보일 것이다.

끝없는 혁신으로 이어가는 원칙

이처럼 불편하고 힘든 과정을 감수하면서도 이 원칙들을 고수해온 것은, 결국 이것이 고객의 신뢰를 얻어 오래도록 사랑받는 길이라고 믿기 때문이다. 더 좋은 화장품을 만들기 위해 기존의 원칙은 지켜가고, 새 원칙도 만들어나갈 것이다. 이런 작은 실천들이 모여 더 나은 제품, 더 신뢰받는 브랜드로 성장할 수 있다고 믿는다.

3

돈보다 값진 것을 선택한 순간들

내가 만든 화장품으로 피부가 개선된 고객들의 진심 어린 반응은 늘 마음을 따뜻하게 했다.

"대박 날 것 같아요."

"회사 상장하면 주식 꼭 사겠습니다."

"빌딩 하나 세우실 것 같아요."

"나중을 위해 사인부터 받아둬야겠어요."

처음에는 이런 말들이 힘이 되었지만, 시간이 지나면서 부담으로 다가왔다.

사업을 시작하고 나서는 정신없는 나날의 연속이었다. 고객 상담부터 제품 연구, 제조, 행정까지 모든 것을 혼자 하다 보니 하루가 48시간이라도 모자랄 지경이었다. 바쁘게 돌아가는 일상에서 사업의 미래를 깊이 고민할 여유조차 없었고, 그렇게 몇 년이 흘러갔다.

성장통 속에서 찾은 깨달음

특히 우리 제품을 찾는 분들 중 70% 이상이 아토피나 여러 피부 질환으로 고생하시는 분들이었다. 그만큼 상담도 꼼꼼히, 오랜 시간 진행해야 했다. 물론 그 시간은 헛되지 않았다. 많은 분들의 피부가 점차 좋아졌고, 좋아진 후에는 아주 적은 양으로도 건강한 피부를 유지할 수 있었다.

이틀에 한 번씩 찾던 고객들이 점점 한 달에 한 번, 두 달에 한 번, 그리고 결국 1년에 한두 번만 주문하게 되었다. "이제는 제품 없이도 피부가 건강해져서 주문을 안 하게 됐네요. 죄송해요"라는 말을 들을 때면, 아이러니하게도 가장 뿌듯하고 또 가장 흔들리는 순간이었다.

제품 없이도 피부가 건강해졌다는 말은, 역설적이게도 내 제품의 가장 큰 성공을 의미하는 순간이었다. 마치 스승이 제자를 온전히 성장시켜 홀로 설 수 있게 하는 것처럼, 고객들이 더 이상 제품에 의존하지 않고도 건강한 피부를 유지할 수 있게 된 것이, 개발자로서 내가 느끼는 가장 큰 보람이었다. 하지만 이런 보람과 자부심이 쌓일수록 매출은 줄어드는, 아이러니한 현실과 마주하게 됐다. 새 고객의 유입 없이는 자연스레 매출이 감소할 수밖에 없었고, 입소문에만 의존하다 보니 사업은 늘 제자리걸음이었다.

지인들은 "홍보만 잘되면 대박 날 텐데…"라며 안타까워했다. 그 말이 때로는 내 부족함을 드러내는 것처럼 들려 마음이 무거워지곤 했다. 반면 상황을 잘 모르는 이들은 "사업 잘 되지? 대박 나고 있지?"라고 물었고, 나는 "그럼요, 대박 나고 있죠"라고 웃으며 답했다. 수천 명의 피부를 건강하게 만들었으니, 이보다 더 큰 대박이 어디 있을까 하는 마음이었다.

하지만 담당 세무사가 "대표님, 사업 계속 가능하실까요?"라고 묻거나 남편이 "운영비는 나오나요?"라며 농담 삼아 던진 말들이, 겉으로는 웃어넘겼지만 속으로는 내 한계를 드러내는 것만 같아 마음이 아렸다.

따뜻한 마음으로 추천받은 사업 관련 책들과 유튜브 강의들을 보면서도 마음은 더 복잡해졌다. 그 속에 담긴 '성공'의 기준은 대부분 수십억, 수백억 매출이었다. 돈으로만 평가되는 성공의 잣대 앞에서, 지금의 내가 자꾸만 작아지는 것 같았다. 그 압

도적인 숫자들 앞에서 마음이 흔들렸다.

그러다 또 다른 책이나 유튜브에서 "100억을 꿈꾸지 않기 때문에 그 자리에 머물러 있다"는 말이 들려올 때면, 마치 나를 향해 하는 말 같아 마음이 무거워졌다. 큰 욕심 없이 살아온 내가 사업가로서 초라해 보이는 순간이었다. 결국 그런 강의도 끄고 책들도 덮었다.

문득 눈을 감고 나를 돌아보니, 우리 집 거실 벽에 걸린 '노력'이라는 서예 글귀가 떠올랐다. 우리 집 가훈이자 부모님의 가르침이었던 "요행을 바라지 말고 열심히 노력하라"는 말이 수십 년간 내 삶의 나침반이 되어주었다. 덕분에 화려한 성공은 없었어도, 큰 실패 없이 안정적으로 살아올 수 있었다. 이런 나 자신을 있는 그대로 인정하고 받아들이는 것, 그것이 지금 내게 가장 필요한 일이라는 걸 깨달았다.

대박이 아닌, 진심을 선택하다

시아로 화장품을 시작할 때가 떠올랐다. 내 아이의 피부를 위해 만든 제품이 다른 이들에게도 도움이 된다는 사실에 가슴 벅차했던, 그 순수한 기쁨 하나로 시작한 일이었다. 고객들의 감사 인사를 들을 때마다 이 일이 세상에 의미 있는 가치를 더한다는 생각에 행복했다.

그런데 어느 순간부터 "대박 날 거야"라는 주변의 기대가 내 안에 부담으로 자리 잡기 시작했다. 그 말들이 어깨를 누르는 무게가 되었고, 그 기대에 부응해야 한다는 강박이 찾아왔다. 남들이 정한 기준에 맞추려다 보니, 스스로 작아지는 느낌이 들었고 그로 인한 실망도 점점 커졌다.

'내가 진정 원하는 것은 무엇일까, 내가 가고 싶은 길은 어디일까?'

이 질문들이 머릿속을 맴돌았다. 한동안 목표를 잃고 방황하는 시간도 있었다. 하지만 그 시간을 지나며 깨달았다. 다른 이의 기대나 목표가 아닌, 내가 진정 바라는 방향으로 한 걸음씩 나아가야 한다는 점이었다.

사업을 시작한 지 1년쯤 되던 2017년, 시에서 운영하는 사업자 교육 프로그램에 참여하게 됐다. 피부 개선에 대한 열정만으로 시작한 창업이라 막막했던 터라, 4주간의 프로그램이 반가웠다. 정부와 지자체의 지원 방법부터 엑셀, 포토샵, 일러스트레이터 같은 실무 프로그램까지 배울 수 있었다. 게다가 교육을 이수하면 최대 2억까지 저금리 대출도 가능했다. 비싼 공장 월세에 부담을 느끼고 있던 나에겐 희망적인 기회였다.

마지막 날, 강사가 사업계획서 제출을 요청했다. 우수한 계획서는 발표 기회와 전문가 조언까지 받을 수 있다고 했다. 그동안 배운 내용을 점검받고 싶고, 또 내 사업의 가능성을 검증받고 싶은 마음에 열심히 준비했다.

그런데 20여 명의 수강생 중 사업 계획서를 제출한 사람은 나 혼자였다. 덕분에 나만 발표 기회를 얻었고, 여유롭게 전문 강사의 평가도 받을 수 있었다. 나는 사업 계획서에 회사 창업 배경과 그간의 성과, 제품 사용 전후의 고객 사례 등을 담아 발표했다.

수강생들은 내 사업에 깊은 관심을 보이며 다양한 질문과 제안을 했고, 강사는 앞으로 빠른 성장이 기대된다며 사업성을 높이 평가했다. 누군가는 대리점 1호점을 열고 싶다 했고, 또 다른 이는 영업을 맡아 수익을 나누자고 했다. 투자 의사를 밝힌 사람도 있었다. 그들의 관심이 고맙기도 했지만, 한편으로는 예상치 못한 제안들에 당황스러웠다.

나는 진심을 담아, 피부 질환으로 고통받는 이들에게 도움이 되고 싶고 그들이 건강한 피부를 되찾고 자신감을 회복하는 것이 내 진정한 목표라고 설명했다. 지금은 수익보다 제품의 효과를 더 입증하는 데 집중하고 싶어 사업 확장은 생각하지 않는다고도 말했다. 그들은 다소 실망한 듯했지만, 나는 내 진심을 숨기지 않았다.

그때의 기억을 떠올리며, 처음 시작할 때의 마음도 함께 되살아났다. 시아로를 통해 고객들이 건강한 피부를, 그리고 더 나은 삶을 찾게 돕는 것, 이것이 내가 진심으로 바랐던 일이었다. 사업 규모나 매출과 관계없이, 지금 느끼는 보람과 자부심이야말로 내게는 진정한 성공이었다. 물론 경제적인 안정과 성장도 중요하지만, 그것만이 전부는 아님을 사업 초기부터 마음에 새겼다.

내 제품으로 누군가의 피부가, 그리고 삶이 조금씩 나아지는 것이 내가 꿈꾸는 진정한 성공이다. 앞으로도 여러 고민과 방황이 찾아오겠지만, 이 마음만은 잊지 않으려 한다. 결국 성공은 더 이상 남의 눈에 맞추는 게 아니었다. 타인의 평가나 기준이 아닌, 내가 진정 소중히 여기는 가치에 따라 정의되는 것이 진정한 성공이라 믿는다.

이제는 분명해졌다. 불필요한 조언과 시선에 흔들리지 않고, 내 신념을 지키며, 나만의 성공 기준을 확립하는 것이 지금 내게 가장 중요한 일이다.

4

자부심으로 만든 제품의 가치

"얼굴이 왜 그래? 피부에 또 실험했어?"

"응…. 실험하다가… 괜찮아, 며칠 있으면 시아로 바르고 나으니까."

화장품 회사를 운영하며 내 얼굴은 수차례 '실험실'이 되었다. 제품을 내 피부에 직접 테스트하는 건, 내가 좋아져야 다른 이들도 좋아질 거라는 믿음 때문이었다. 무엇보다 제품의 안전성과 개선할 점을 가장 먼저 확인하고 싶었다. 그만큼 내 제품에 진심을 담았다.

한번은 천연 보습 로션의 실온 보관 가능 기간을 확인하기 위해 10일간 실온에 두고 제품을 사용하는 실험을 진행했다. 다행히 피부에 이상 반응이 없었다. 이를 통해 일부 천연 성분들이 실제로 보존 기능을 한다는 것을 확인할 수 있었다.

더 나아가, 보존 기능이 있는 천연 성분들을 뺀 제품을 만들어보았다. 아로마, 프로폴리스 등 추출물 일부를 제외하고 실온 보관력과 효과를 시험한 것이다. 1주일쯤 지나자 피부가 반응하기 시작했다. 간질간질하던 피부가 따가워지더니, 점차 붉어졌다. 이 과정을 통해 이 성분들이 천연 보존제로서, 또 제품의 핵심 효능을 위해 얼마나 중요한지 직접 체험했다.

이런 경험들 덕분에, 냉장 보관을 깜빡한 고객들의 문의에도 자신 있게 답할 수 있었다. "몇 시간에서 하루 이틀 정도라면 실온에 두어도 쉽게 상하지 않아요. 다시 냉장고에 넣어 사용하시면 됩니다"라고 말해준다. 내 피부로 직접 확인한 만큼, 어떤 조언보다 확실한 답변이었다.

나에게 먼저 증명하다:
신뢰를 쌓아가는 과정

어느 날 홈쇼핑에서 화장품 흡수를 촉진하는 초음파 기계를 보았다. 여러 쇼핑몰에서 비슷한 제품이 방송되었고, 쇼호스트들의 설명을 들을수록 시아로 화장품과 함께 사용하면 더 좋은 효과를 볼 수 있지 않을까 하는 생각이 들었다. 내가 먼저 써보고 효과가 있다면 고객들에게도 자신 있게 추천하고 싶어 구매를 결정했다. 하지만 바쁜 일상과 망설임 속에서, 기계를 산 지 6개월이 지나서야 처음으로 사용했다.

처음엔 화장품이 피부에 잘 스며드는 것 같았다. 1주일 정도 써보니 괜찮다 싶어 남편에게도 매일 사용을 권했다. 그런데 한 달도 채 되지 않아 얼굴이 붉어지고 심한 열감이 생겼다. 얼마 뒤 남편에게도 같은 증상이 나타나면서 기계가 문제의 원인임을 직감했다. 쇼핑몰에 상황을 설명하고 비슷한 사례가 있는지 알아보려 했지만, 제조회사가 이미 폐업한 상태라 확인이 불가능했다. 다행히 약정에 따라 환불은 받을 수 있었다.

그렇게 2018년 말, 우리 부부는 붉고 퉁퉁 부은 얼굴로 일상을 견뎌야 했다. 특히 남편은 심각한 피부 상태로 출근하며 동료들의 걱정을 한 몸에 받았다. 하지만 시아로 제품을 꾸준히 사용한 결과, 오히려 전보다 더 좋아진 피부로 회복된 남편을 보고 주변 사람들이 놀라워했고, 자연스레 제품을 찾는 계기가 되기도 했다. 나쁜 일이 꼭 나쁜 결과만을 낳는 것은 아님을 새삼 깨달은 순간이었다.

이후로는 피부 관리 기계를 문의하는 고객들에게 내 경험을 진솔하게 나누며, 신중한 선택을 권할 수 있게 됐다. 때로는 실패의 경험이 더 값진 교훈이 된다는 것도 함께 말이다.

이처럼 여러 이유로 피부 문제가 생길 때마다, 나는 그것을 고객 상담에 활용할 소중한 기회로 삼았다. 내가 고객들에게 권하는 모든 방법을 직접 실험하며, 그 효과를 온몸으로 체득했다. 주로 음식, 환경, 생활습관에 관한 것들이었다.

피부 질환이 있을 때 피해야 할 음식으로는 닭고기, 우유, 달걀 같은 단백질 식품, 커피, 밀가루, 조미료, 가공 식품 등이 있다. 이런 것들의 영향을 정확히 알고 싶어 일부러 더 많이 먹어보며 피부 반응을 지켜보았다. 예상대로 증상은 더 심해지고 회복은 더뎠다. 특히 우유, 커피, 치즈, 요거트를 먹은 날은 피부의 열감과 따가움이 확연했다.

양배추나 부추는 평소 소화작용을 돕고 대사를 증진시키는 건강식품으로 알려져 있지만, 피부 문제가 있을 때는 오히려 증상을 악화시킬 수 있다는 자료와 고객 사례들이 있었다. 이를 직접 확인하기 위해 자가 실험을 했는데, 삶은 양배추에 고기를 싸서 먹은 다음 날 얼굴 전체에 열감이 생기며 트러블이 악화되는 것을 경험했다. 이러한 직접적인 경험들은 이후 고객들에게 신뢰할 수 있는 조언을 제공하는 근거가 되었다.

헤어 염색도 피부가 예민할 때는 피하라고 권하는데, 이것 역시 일부러 해보았다. 역시나 피부는 더 심하게 나빠졌다.

반대로 평소 적극 권장하는 것들, 즉 프로폴리스, 비타민 C, 유산균, 매실액, 블루베리 등을 평소보다 더 열심히 섭취하며 이 식품들이 피부 회복에 도움이 됨을 확인했다. 또한 로션과 크림을 하루 한 개 이상 사용하고, 프로폴리스는 2주에 한 병씩 섭취하는 등 양을 늘렸더니 눈에 띄게 빨리 좋아짐도 확인했다.

이런 자가 실험을 통해, 그동안 고객들에게 해온 조언들이 실제로 옳았다는 확신을 얻을 수 있었다. 내 피부로 직접 증명한 만큼, 더욱 진심을 담아 상담할 수 있게 되었다.

"왜 이렇게까지 해요?"라고 물으신다면…

주사피부염이나 지루성 피부염이 있는 분들 중에는, 특히 약물 치료를 받은 경우 눈 염증이 함께 나타나는 경우가 많았다. 이런 분들이 시아로 제품을 처음 쓸 때면 보습제가 눈에 들어가 시리거나 아프다고 호소하곤 했다. 하지만 다행히도 피부가 좋아지면서 눈의 불편함도 함께 사라졌다는 이야기를 자주 들었고, 그래서 시아로 보습제가 눈 상피세포의 염증에도 효과가 있다는 확신이 들었다.

이 믿음을 증명하고 싶어서, 결막염으로 눈을 뜨기조차 힘들 때 남편의 만류에도 불구하고 시아로 로션을 하루 3번 이상 눈에 넣어보았다. 이틀 동안은 아무것도 하지 않고 잠만 잤다. 그리고 3일째, 눈이 나아지기 시작했다. 너무 기뻐서 친정아버지께 전화드렸더니, 놀라워하시면서도 중요한 신체 기관인 만큼 고객들에게는 알리지 말라고 당부하셨다. 혹시 모를 위험을 걱정하신 거였다. 그래서 이 사실을 크게 알리진 않았지만, 로션과 크림의 눈 개선 효과에 대해서는 몸소 확인할 수 있었다.

피부 염증이 있는 경우, 2단계 단단크림을 사용하면 붉어짐, 돌기, 부종 등의 증상이 일시적으로 심해질 수 있음을 여러 고객 사례를 통해 확인했다. 특히 사업 초기에 있었던 한 남성 고객의 사례가 아직도 선명히 기억에 남는다. 당시 그 고객은 양쪽 다리에 심각한 습진이 있어 도움을 요청했다. 나는 염증이 심한 경우 단단크림 사용 시 일시적으로 진물이나 고름이 심해질 수 있으니 수분크림을 먼저 사용하는 것이 좋겠다고 조언했다.

하지만 고객은 내 조언과 달리 단단크림을 선택했고, 일주

일도 되지 않아 다리에서 진물과 고름이 쏟아지는 사진을 보내왔다. 걱정되는 마음에 즉시 사용 중단을 권했지만, 그는 이를 명현 현상으로 받아들이며 끝까지 사용하겠다고 했다. 그리고 한 달 후, 염증 자국(착색)만 남은 호전된 피부 사진을 보내왔다. 내 제품을 나보다 더 신뢰했던 이 고객의 사례는 지금도 잊히지 않는다.

이후 나는 고객들에게 이 경험을 이야기하며 "제발 내 애간장 녹이지 말고 1단계를 충분히 쓴 뒤에 2단계로 넘어가달라"고 당부한다. 하지만 나는 피부가 붉고 열이 날 때 일부러 2단계 제품을 자주 발랐다. 증상이 더 심해졌지만, 이미 이 과정을 거쳐 빠르게 회복된 고객들을 봐왔기에 끝까지 시도해보았다. 1~2주 후에는 피부가 더 빨리 안정되는 걸 경험할 수 있었다.

"왜 이렇게까지 해요?"라고 물으면 나는 "그냥 궁금해서요…"라고 답한다. 하지만 실제로는, 내 가족은 물론 나를 믿고 찾아주시는 모든 분들께 자신 있게 권할 수 있는 제품을 만들고 싶어서다. 처음에는 우리 아이와 가족을 위해 시작했지만, 이제는 그 이상의 책임감을 느낀다.

내 제품이 안전하고 효과적이라는 확신이 있어야만 고객들에게 자신 있게 권할 수 있다. 그래서 늘 나를 먼저 실험대에 세워 철저히 검증하며 제품을 만들어왔다. 이는 단순한 사업적 성공을 위해서가 아닌, 내 양심과 신념을 지키는 과정이었다. 앞으로도 나와 내 가족에게 자신 있게 권할 수 있는 제품을 만들기 위해 노력할 것이다. 그리고 이런 진심이 고객들에게도 잘 전해지길 바란다.

5

고객의 행복이
나의 행복이 되기까지

화장품 사업을 시작한 후, 내 마음속에는 늘 '고객의 피부가 좋아지는 것이 곧 나의 성공이자 행복'이라는 믿음이 자리했다. 고객의 피부 회복이 더딜 때면 제품의 한계를 고민하며, 해결책을 찾기 위해 온 힘을 기울였다. 쉽지 않은 도전이었지만, 고객들의 피부가 건강을 되찾을 때마다 무엇과도 비교할 수 없는 보람을 느꼈다. 감사 인사와 후기, 그리고 건강해진 피부로 전해지는 소식들은 내 선택이 옳았음을 증명해주었고, 이러한 신뢰를 바탕으로 지금의 성장을 이룰 수 있었다. 이런 이야기를 들을 때면, 화장품이 단순한 제품이 아닌 삶의 질을 높이는 솔루션이 될 수 있다는 확신이 더욱 커졌다.

공감의 무게: 나를 잃어가는 순간들

이런 신념은 더 큰 책임감이 되어 고객들에게 더욱 깊이 몰입하게 했다. 특히 오랜 기간 스테로이드를 사용한 고객들이 이를 중단하는 과정에서 겪는 어려움을 볼 때면, 건강한 피부로 회복되기를 바라며 밤을 새워가며 연구했다. 탈 스테로이드는 아무리 자세히 설명해도, 실제 겪는 고통이 커서 불안에 빠지기 쉽다. 그럴 때마다 이 과정이 꼭 필요하다고 설명하면서, 불안해하는 고객들에게 진심 어린 위로와 조언을 아끼지 않았다.

이 모든 과정은 큰 스트레스를 동반했다. “이번 고객까지만 받자. 탈 스테로이드 고객은 그만 받자”라고 수없이 다짐했지만, 깨끗해진 피부로 기쁨을 전하는 고객들을 만날 때면 모든 힘들었던 기억이 녹아내리고, 보람과 행복이 그 자리를 채웠다. 그 순간만큼은 내 모든 노력이 보상받는 듯했다. 그래서 매번 결심은 무너졌고, 나는 또다시 새로운 피부 질환을 가진 고객을 맞이했다. 마치 낚싯줄을 힘들게 벗어났다가도 다시 미끼를 물고 마는 물고기처럼, 나도 같은 과정을 반복하고 있었다.

피부가 좋아진 고객들의 사례를 주변인들에게 기쁘게 전하면, 그들은 그 결과에 놀라워하고 함께 기뻐하면서도 한편으로는 거부감을 보였다. "피부 상태가 끔찍해서 보기만 해도 힘들다"는 말에 서운함이 밀려왔다. 또 내가 피부 질환 고객들에게 너무 깊이 몰입한다며, 자신의 건강부터 챙기라고 조언하기도 했다.

하지만 나에겐 '끔찍함'보다 고객이 겪는 '아픔'이 더 먼저 보였다. 이런 깊은 몰입으로 인해 고객들의 행동에 지나치게 고마워하거나 서운해하는 등 감정의 큰 흔들림을 겪었다. 이런 반응이 정상적이지 않다는 것을 알면서도, 그 굴레에서 벗어나기가 쉽지 않았다.

고객들이 피부 문제로 불안해할 때면, 때로는 따뜻하게 위로하고 때로는 현실적인 조언을 하며 균형을 맞추려 했다. 이런 내 진심을 알아주는 고객들이 좋아진 피부로 감사 인사를 전할 때면 큰 보람과 기쁨이 밀려왔다. 하지만 호전된 후 더 이상 소식을 전하지 않거나 연락이 끊긴 고객들을 생각하면 서운해지기도 했다. 상담을 자주 하던 고객이 갑자기 연락을 끊으면, 혹시 상태가 나빠진 것은 아닌지, 치료를 포기한 것은 아닌지 염려되어 조심스레 안부를 물었다.

"덕분에 잘 지내고 있어요"라는 대답을 들으면 안도하면서도 복잡한 마음이 들었다. '피부가 아플 땐 수시로 연락하더니,

나아지니 끊어버리는구나.' 그저 피부 문제 해결을 위한 상담자로만 여긴다는 생각에 허탈함과 서운함이 뒤섞였다. 뒤늦게 깨달았다. 내가 고객에게 너무 깊이 몰입한 나머지, 그 이상의 반응을 기대하며 내 노력에 대한 보상을 원했다는 것을.

비공개 상담을 요청한 고객들 중 일부는 피부가 좋아지면 공개 후기를 남기겠다고 약속했지만, 이를 지키는 경우는 드물었다. 나는 크게 기대하지 않으려 했지만, 오히려 약속하지 않았던 고객들이 공개해주거나 진심 어린 후기를 남길 때면, 지키지 않은 약속들이 더욱 실망스럽게 다가왔다. 기대가 클수록 실망도 크다는 것을 배우며, 고객과의 약속에 큰 기대를 걸지 않으려 노력하게 됐다.

"평생 시아로만 바르겠다"는 고객들의 진심 어린 말에 늘 큰 행복을 느꼈다. 그들의 고백에 단순한 고객 이상의 감정을 느끼며 깊은 애정을 쏟았다. 하지만 시간이 흐르면서 그들의 소식은 점차 줄어들다가 어느 순간 사라지곤 했다.

이후의 반응은 고객마다 달랐다. 어떤 이들은 피부 질환으로 힘들었던 시기에 시아로를 만난 경험이 지금도 감사한 마음을 되새기게 하고 어려울 때마다 힘이 된다고 말했다. 반면 일부 고객들은 그때의 기억이 떠올라 시아로 홈페이지조차 접속하기가 꺼려진다고 했다.

고객들의 피부가 건강을 되찾아 더 이상 특별한 관리가 필요 없다는 것은 기쁘면서도 한편으로는 아쉬운 일이었다. 그럴 때마다 모든 관계에는 시작과 끝이 있음을 되새기며, 이 자연스러운 이별을 받아들이려 노력했다.

그래서 이제는 "평생 시아로만 쓰겠다"는 고객들에게 솔직히 이렇게 말한다. "저는 그 말을 믿지 않아요. 결국 피부가 건강해지면 떠나실 거예요. 어떤 화장품도 잘 맞을 테니까요. 하지만 그건 피부가 건강해졌다는 의미이기에 기쁨으로 받아들여요. 그래서 서운하지 않으려 노력합니다."

이런 감정의 몰입을 돌아보게 된 건 둘째 아이의 질문 때문이었다.

"남들의 피부가 좋아지는 게 왜 엄마를 행복하게 해?"

"보람되니까…."

뜻밖의 질문에 제대로 답하지 못했지만, 그 말은 내 삶을 다시 한번 돌아보게 했다.

수년간 화장품 회사를 운영하며 피부 질환으로 고통받는 고객들의 이야기에 깊이 빠져들어, 그들의 피부가 나아지기까지 전 과정을 지켜보는 일은 결코 쉽지 않았다.

성장의 숙제:
건강한 거리두기를 배우다

수많은 고객의 고통과 희망을 함께하다 보니, 가끔은 새 고객들에게 "다른 곳을 찾아보시면 어떨까요?"라는 말이 목끝까지 차오르곤 했다. 하지만 그들의 희망을 저버릴까 봐 두려워 그 말을 삼키고는, 오히려 그들의 삶 속으로 더 깊이 들어갔다. 그렇게 그들의 피부 개선을 내 행복이라 합리화하며 지냈다.

이처럼 고객들을 향한 내 마음이 진심이었던 만큼 기대도 컸다. 그들이 전해주는 건강 소식이나 감사 인사가 내 노력에 대한 진정한 보상이라 여겼던 것이다. 고객의 태도에 따라 내 감정이 휘둘리던 이유도, 결국 내가 정해놓은 이 보상의 기준 때문이었다.

고객의 피부가 나아지는 일은 분명 개발자이자 조언자로서의 보람이었지만, 그것이 내 삶 전체를 좌우해서는 안 된다는 것을 깨달았다. 중요한 건 고객의 피부 개선이지, 그들의 소식이나 감사 후기를 바라는 마음은 본질에서 벗어난 것이었다.

그동안 오너로서의 열정이라는 착각 속에서 고객의 고통에 깊이 빠져든 나머지, 정작 내 감정은 돌보지 못했다. 이제는 고객과 내 삶을 명확히 구분하고 건강한 거리를 유지하면서, 균형 잡힌 열정으로 그들을 돕고자 한다. 고객들의 피부 회복을 돕는 일은 여전히 내게 큰 보람이지만, 내 행복과 그들의 행복 사이에서 균형을 찾는 게 필요함을 배웠다. 그들을 돕는 일과 나를 돌보는 일, 이 두 가지를 함께할 때 더 나은 결과를 만들어갈 수 있다는 것을 깨달았다.

지금도 피부가 좋아진 후 꾸준히 소식을 전해주는 고객들이 있다. 그들의 이야기는 내게 큰 기쁨과 보람이 되어 이 길을 걸어가게 하는 원동력이 된다. 이런 감사한 마음은 그대로 간직하되, 모든 고객이 소식을 전하지 않더라도 서운해하지 않기로 했다. 각자에게 맞는 방식으로 자신의 피부 여정을 마무리할 권리가 있음을 인정하며, 그들이 보내는 마지막 연락 한 통, 말 한마디까지도 소중히 여기려 한다. 더 이상의 소식이 없더라도 그들의 건강한 피부를 응원하며, 내가 할 수 있는 최선을 다했음에 만족하려 한다.

다행인 점은 떠난 자리를 새로운 고객들이 늘 채워준다는 것이다. 시아로를 찾아온 새 고객들과 다시 인연을 맺는다. 그리고 언젠가 그들도 떠날 것이다. 하지만 이러한 흐름이 자연스러운 일임을 이제는 받아들인다.

과도한 몰입의 열정은 때로 나를 지치게 한다. 중립적이면서도 균형 잡힌 태도로 일할 때, 나는 더 건강하고 행복할 수 있으며, 그때 더 나은 제품이 탄생하고 진정한 효과를 발휘한다고 믿는다.

온 마음을 다해 몰입하는 순간이 가끔 필요하지만, 그 몰입이 나를 소진해서는 안 된다. 과도한 몰입보다는 나를 돌보며 균형 잡힌 열정을 유지하기가 진정한 성공과 발전의 열쇠임을 이제는 안다.

6

지속적인 연구와 투자로 경쟁력을 갖추다

최고급 원료를 활용해 보습력이 뛰어난 제품을 만들기 위해 다양한 실험을 진행했다. 처음에는 지인들이 추천한 화장품과 백화점 유명 브랜드 제품들의 성분을 철저히 분석하고, 안전성이 검증된 원료만을 선별했다. 알레르기 유발 가능성이 있는 성분들은 철저히 배제했다. 이러한 노력으로 우리 아이의 피부를 개선할 수 있는 제품이 탄생했다. 그러나 이 제품을 지인들과 나누면서 예상치 못한 문제가 발생했다. 제품 용량이 초기보다 감소했다는 피드백을 받은 것이다.

초기에는 200ml 정도의 소량만 제조할 수 있는 핸드형 제조기를 사용했다. 유화제를 넣지 않아 원료들이 잘 섞이지 않았고, 물처럼 흐물흐물한 제품이 나왔다. 전문 화장품 제조 기계는 가격이 부담스러워 제빵 반죽기를 대안으로 활용했고, 오랜 시간 돌려 만든 결과 쫀득한 보습제를 완성할 수 있었다. 하지만 제빵기로 제조하면서 생긴 기포 때문에 가득 차 보였던 용량이, 시간이 지나 기포가 빠지면서 줄어드는 문제가 있었다.

우리 아이만 쓸 때는 기포나 물과 기름이 약간 분리되는 현상을 크게 문제 삼지 않았다. 분리된 것은 흔들어서 사용했고, 기포로 인한 용량 감소도 신경 쓰지 않았다. 그러나 판매 제품인 만큼 이 문제는 꼭 해결해야 했다. 품질 개선을 위해 다양한 방법으로 기포 제거를 시도했다. 제조 용기를 두드리거나 제품을 비닐봉지에 담아 세탁기 탈수기에 돌리는 방법까지 동원했다. 기포 제거에는 성공했으며, 이후 제품을 부피가 아닌 무게 기준으로 제공하기로 했다. 하지만 이런 방식을 지속하기에는 한계가 있었고, 결국 전문 화장품 제조 기계를 구매했다. 이제 더욱 다양한 제품을 안정적으로 생산할 수 있게 되었다.

나는 여기서 만족하지 않고 제품 개선을 위해 수익이 생길 때마다 더 전문적인 제조기기에 투자했다. 최근 가장 큰 투자는 억대의 화장품 제조 기계 구매였다. 사업 초기에는 멀게만 느껴졌던 목표였지만, 자본을 조금씩 모아 마침내 실현할 수 있었다. 그 결과, 대량 생산이 가능해졌으며 품질이 향상되어 고객 만족도가 크게 높아졌다.

이 기계 도입은 단순한 설비 투자를 넘어 내 꿈과 목표가 현실이 되는 전환점이었다. 오랫동안 염원해온 만큼 내 열정과 노력의 결실로 느껴졌다. 더 나은 제품을 만들 수 있게 된 만큼 투자 가치는 충분했다. 이를 통해 가치 있는 투자가 좋은 결과를 만들어내고, 그 결과가 기업과 나를 함께 성장시키는 원동력이 된다는 것을 그때 깨달았다.

연구가 이어준 기회:
단단 크림에서 탈모 방지 제품까지

어느 날 홈쇼핑에서 물 없이 만든 에센스를 보고 영감을 얻어 아로마와 식물성 오일만으로 새로운 크림을 개발하기로 했다. 그렇게 탄생한 것이 현재의 단단 크림이다. 반고체 타입의 이 제품은 보습력과 아토피 상처 회복 효과를 지닌 제품으로 지인들에게 호평을 받았다. 특히 아토피로 긁은 상처가 빨리 아문다는 피드백이 많았다.

처음에는 제형이 버터처럼 생겨 '버터크림'이라는 이름을 붙였는데, 이 명칭 때문에 기름질 것을 우려해 시도조차 하지 않는 고객들이 있다는 것을 알게 되었다. 이후 피부 장벽 강화 효과를 강조한 '단단 크림'으로 이름을 변경하자 더 많은 호응을 얻었다. 제품의 효과만큼 이름의 중요성을 깨닫는 계기가 되었다.

고객들의 사례를 연구하며 흥미로운 패턴을 발견했다. 미세혈관 염증으로 인한 붉은 피부보다, 진물이나 고름성 트러블이 있는 경우가 오히려 빠르게 개선되었다. 그 이유를 매일 고민하며 연구한 끝에, 트러블이 많은 피부는 모공을 통해 내부에 쌓인 노폐물을 배출하려는 노력의 과정임을 깨달았다. 피부는 개선을 위해 나름 노력하고 있지만, 피부와 모공의 손상으로 인해 노폐물 배출이 원활하지 않아 악화가 반복되고 있는 것이다. 이때 시아로 보습제를 사용하면, 피부와 모공이 개선되어 탄력이 증가하고 노폐물 배출이 원활해지며, 그 결과 피부 개선 속도가 더욱 빨라진다는 점도 확인할 수 있었다.

그래서 나는 피부 트러블이 겉으로 크게 드러난 고객을 만났을 때 더 반가운 마음이 들었다. 그들은 빠른 회복을 경험하며 만족도가 높았기 때문이다. 이러한 경험을 통해, 시아로가 표피와 피부 밑 조직에는 빠르게 영향을 주지만, 혈관층까지 도달하는 데는 시간이 더 걸린다는 점을 알게 되었다. 그래서 나는 어떻게 하면 피부 깊숙이 스며들어 본연의 회복력을 더욱 높일 수 있을지 끊임없이 고민하며 연구하여 제품을 개선해 왔다.

시아로 비누 또한 내 아이의 피부 건강을 위해 직접 개발한 제품이다. 매실액을 활용해 만들었으며, 그 항산화 효과가 피부 진정에 탁월하다는 점을 직접 확인했다. 상처 난 피부에 처음 닿으면 따가웠지만, 점차 적응되면서 상처도 잘 아물었다. 매실 비누를 만들기로 했을 때 참고할 만한 자료가 전혀 없었다. 그래서 내가 첫 시도자가 되어보자는 마음으로 시작했다. 처음엔 거품도 잘 안 났지만, 수십 번의 시행착오 끝에 세정력 좋은 비누를 완성했다. 지금도 인기 제품으로 자리매김하고 있다.

아토피 아이를 위한 제품으로 시작한 화장품 사업에 더 깊이를 더하고 싶어 보건대학원 피부 뷰티학과에 진학했다. 양방과 한방을 두루 공부했는데, 특히 한방 수업에서 천연 화장품 원료로 쓰이는 식물들의 종류와 효능을 배우는 게 즐거웠다. 같은 식물이라도 뿌리, 줄기, 잎에서 추출되는 영양분이 다르고, 같은 원료도 끓이는 온도에 따라 효과가 달라진다는 사실이 신기했다.

한방 수업에서 미백이나 탈모에 좋은 성분들도 배웠다. 마침 기존 제품을 쓰면서 눈썹이 다시 자라 인상이 뚜렷해졌다는 사례들을 보며 탈모 개선에 관심이 많았는데, 한의학에서 배운 원료들로 탈모 개선 제품을 개발했다. 체험단을 모집해 실험까지 해봤는데, 효과가 꽤 좋았다. 이 제품을 정식 출시할 날을 기대하고 있다.

수천 개의 피드백으로 완성된 시아로 제품 사용법: 3단계 프로세스

수많은 고객 상담을 통해 정립된 시아로 프로세스 3단계는 수천 건의 사례와 데이터를 기반으로 만들어진 체계적인 사용법이다.

고객 사례를 지속적으로 분석하며 피부 질환별로 분류하고, 특히 회복이 빠르고 재발이 적은 사례들을 중점적으로 연구했다. 그 결과 피부 상태에 따른 최적의 제품 사용법을 발견할 수 있었다. 발적, 부종, 진물이 있을 때는 수분크림이 빠른 진정 효과를 보였고, 거칠고 건조한 피부에는 단단 크림이 효과적이었다. 즉, 수분크림은 빠른 회복에, 단단 크림은 재발 방지에 탁월한 효과를 보였다.

주목할 만한 점은 심한 염증이나 트러블이 있는 상태에서 단단 크림을 사용했을 때 일시적으로 증상이 악화되는 현상이었다. 일부 고객들은 이를 회복의 신호로 이해하고 꾸준히 사용했으며, 2~3주 후에는 극적인 피부 개선을 보여주는 사진을 보내왔다. 이러한 현상을 고객들 사이에서는 '명현 현상'이라고 부르게 되었다.

이러한 사례들을 토대로, 심한 염증이 있는 경우 수분크림으로 먼저 진정시킨 후 단단 크림을 사용하도록 권장했더니 피부 개선 속도가 현저히 향상되었다. 이처럼 고객들의 피드백은 제품의 최적 사용법을 확립하는 데 결정적인 역할을 했다.

시아로 제품의 큰 특징은 독특한 사용 순서에 있다. 로션-크림-로션 순서로 바르는 방식인데, 이는 우리 아이에게서 처음 효과를 확인했고 이후 고객들의 피드백을 통해 그 효과가 입증되었다. 로션과 크림만을 순서대로 바르면 미세한 트러블이 발생했지만, 로션으로 마무리하는 방식을 도입하자 문제가 해결되고 효과도 더욱 뚜렷해졌다. 이는 스킨이나 로션이 모공을 열고 닫아주어 고농도 크림의 흡수를 돕는다는 원리를 발견한 결과였다. 이처럼 고객과의 직접적인 소통은 귀중한 정보가 되었고, 이를 바탕으로 대부분의 피부 질환에 적용 가능한 신뢰도 높은 가이드라인을 만들 수 있었다.

더불어 미백과 주름 개선 크림도 개발했다. 기존의 로션, 수분크림, 단단 크림이 아토피 피부를 위한 제품이었다면, 탱탱뽀송 크림은 기미로 고민하던 나를 위한 특별한 제품이었다. 간호사 시절 불규칙한 생활과 스트레스로 궤양성 대장염을 앓았고, 그 치료 과정에서 관절염과 기미가 생겼다. 20대부터 시작된 기미는 임신과 출산을 거치며 더욱 심해졌다. 이를 개선하기 위해 화학적 미백 성분 대신 안전하고 효과적인 천연 성분으로 제품을 만들기로 했다. 대학원 한방 강의에서 알게 된 도깨비 뿌리 추출물이 큰 도움이 됐다. 지금껏 사용하던 식약처 등록 고급 천연 원료에 이 성분을 더하니 제품의 효과가 한층 좋아졌고, 많은 고객의 사랑을 받게 됐다.

이처럼 수천 건의 피드백을 기반으로 한 끊임없는 고민과 연구 개발 덕분에 오늘의 시아로를 만들 수 있었다.

7

모두를 만족시키려는 욕심을 내려놓다

"사장님, 나중에 노벨 과학상 받으시는 거 아니에요?"

"피부 회복으로 우리 가족에게 행복을 주셨으니 노벨 평화상을 받으셔야죠."

"이렇게 좋은 일 하시니 천당 자리는 이미 마련됐겠어요."

이런 칭찬을 들을 때마다 쑥스럽기도 했지만, 한편으로는 뿌듯했다. 특히 그럴 때마다 '모든 피부 질환자를 도와 성공시키겠다'는 자신감과 사명감이 더욱 커졌다. 고객들이 포기하지 않도록 용기와 희망을 주려 밤낮없이 노력했다. 때론 부모님께도 보여주지 못한 정성을 쏟았다. 덕분에 피부가 좋아진 사람들이 늘어났고, 아토피뿐 아니라 다양한 피부 질환이 나아지는 걸 보며 제품에 대한 확신도 커졌다. 특히 증상이 악화되는 상황에서도 끝까지 신뢰하며 오히려 제품 사용량을 늘린 고객들의 피부가 좋아지는 모습을 보며 그 믿음은 더욱 단단해졌다.

주변에서 "모든 사람에게 다 맞을 순 없어. 내려놔"라며 걱정할 때면, 오히려 내 제품이 누구에게나 맞는다는 것을 꼭 증명하고 싶어졌다. 진심을 다해 제품을 만들고 끝까지 포기하지 말라며 응원하면, 그 마음이 모두에게 닿을 거라 믿었다. 하지만 현실은 달랐다. 아무리 노력해도 모든 이를 만족시키는 것은 가능하지 않았고, 오히려 원망과 비난을 듣기도 했다. 그러면서 정작 내 건강과 행복은 잊고 있었다.

과도한 열정의 시작:
기쁨과 책임의 무게

특히 기억에 남는 한 고객이 있다. 얼굴과 팔다리에 심한 화폐상습진이 있으면서도 사남매를 키우고 시부모님을 모시며 직장 생활까지 하던 분이었다. 탈 스테로이드를 결심하고 찾아왔지만, 오랜 스테로이드 사용 탓에 증상이 악화돼 두려워하고 있었다. 나는 "피부가 회복된 후에 제품 비용을 지불하셔도 괜찮으니 끝까지 시도해보세요"라며 설득했다.

남편 친구인 한의사와 상의하겠다던 그분은, 한약이 열을 올려 습진을 악화시킬 수 있다는 조언을 듣고 우리 제품을 믿어보기로 했다. 탈스(탈 스테로이드) 증상으로 별 문제 없던 얼굴까지 심각해지는 과정에서도, 오히려 제품 사용량을 늘리며 버텼다. 결국 건강해진 피부 사진과 함께 감사 인사를 전해왔다.

당시 나는 그분의 회복을 진심으로 바라면서도, 한편으론 제품의 효과를 확인하고 싶은 마음도 있었다. 후에 커피 원두를 납품하는 일을 하신다며 여러 번 원두를 보내주셨고, 시어머님이 농사지은 큰 호박을 들고 직접 찾아오시기도 했다.

물론 이런 고객들만 있진 않았다. 중간에 포기하며 비난하는 분도 있었고, 원망했다가 다시 도전해 성공한 분들도 있었다. 결국엔 감사 인사를 받았지만, 그 과정에서 깊은 상처를 받기도 했다.

성공 사례를 보며 나는 제품을 넉넉히 사용하라고 적극 권했다. 하지만 그 진심 어린 조언이 "그 판매자는 무조건 많이 바르라고 한다"거나 "한 통 써봤는데 안 좋아지더라"는 말로 왜곡되기도 했다. 대개 좋은 결과를 본 분들은 경제적 여유가 있어 제품을 충분히 쓸 수 있었던 고객들이었다. 반면 여유가 없는 분들은 소량만 쓰다 보니 효과를 보지 못하거나 중간에 포기하려 했다. 이런 분들을 위해 무료로 제품을 드리거나 할인해드리는 등 여러 방법으로 도왔지만, 나 역시 넉넉지 않아 한계가 있었다.

상담과 응대에 몰두하다 내 건강도 서서히 무너져갔다. 어느 날은 엘리베이터 앞에 서 있기조차 힘들 만큼 어지럽고 숨이 가빴다. 한의원에서는 스트레스로 인한 뇌졸중 전 단계라 했다. 물 마실 시간도 없이 상담하다 신장결석이 생겨 시술까지 받았다.

이렇게 몸이 망가지는 와중에도, 힘들고 상처받아 괴로울 때면 기도하며 신앙에 의지했다. 때로는 이 일을 시작한 걸 후회하며 나 자신을 원망하기도 했다. 이제는 돌아갈 수 없는 강을 건너온 것만 같은 날들도 있었다.

친구들은 이런 나를 보며 "수억을 줘도 나는 너처럼 못 살아"라고 했다. 그럴 때면 "그러게, 나는 왜 이렇게까지 살고 있지?"라며 스스로에게 물었다. 하지만 고객들이 보내오는 좋아진 피부 사진과 감사 인사를 보면 그런 고민도 잊고, 다시 모든 시간과 정성을 쏟아붓는 일상으로 돌아갔다.

그러다 몇 번의 심한 비난을 겪으며 내 신념과 노력만으로는 모든 사람을 만족시키는 게 불가능하다는 것을 깨달았다.

성장통: 이해받지 못한 순간들

첫 번째 사건은 7년간 스테로이드를 써온 초등학교 3학년 아이와 관련된 일이었다. 근거리에 살고 있어 직접 아이 상태를 보며 상담했다. 일주일 만에 피부가 좋아졌지만, 스테로이드를 끊은 지 얼마 안 돼 다시 증상이 심해질 수 있다고 경고했다. 그래도 아이 엄마는 제품을 더 주문하며 사용을 이어갔다. 예상대로 2~3주 후 증상이 악화됐고, 고객은 불안해하면서도 계속 발랐다. 그러다 아이 아버지에게서 연락이 왔다. "당신이 무슨 자격으로 스테로이드를 끊게 해서 아이를 더 나쁘게 만들었느냐." 그 한마디가 가슴에 깊은 상처로 남았다.

두 번째는 다른 회사 제품으로 트러블이 생겨 스테로이드를 쓰던 20대 여성의 일이다. 여러 요인으로 피부가 더 나빠질 수 있다고 설명하며 신중하게 제품을 권했다. 탈 스테로이드 증상도 나올 수 있다고 했지만, 그녀는 제품을 믿고 쓰겠다고 했다. 그러다 어느 날 그녀의 어머니가 전화해 내 제품이 딸의 피부를 망쳤다며 심한 욕설을 퍼부었다. 하필 고속도로를 운전 중이었는데, 아이들이 있는 차 안에서 그런 말을 듣게 되어 더욱 마음이 아팠다. 남편이 말리려 했지만 그녀의 어머니는 멈추지 않았고, 나는 아이들 앞에서 눈물을 삼켜야 했다.

세 번째는 7~8년간 스테로이드를 쓴 아이의 아버지와 있었던 일이다. 아이 엄마의 간절함이 느껴져 주문한 제품 외에도 도움 될 만한 것을 더 보냈다. 그런데 얼마 뒤 아버지가 연락해 "의사도 권하는 약을 함부로 끊게 해서 아이를 더 고생시켰다"고 비난했다. 식약처 등록 회사이고 특허받은 제품이라고 하자 "특허는 개나 소나 다 받는 거 아니냐"며 비웃었다. 세계발명대회에서 주는 상이 그렇게 쉬운 거냐고 되묻자, 그는 할 말을 잃은 듯 침묵하더니 전화를 끊었다. 그의 태도는 실망스러웠지만, 아이의 건강이 걱정되어 마음이 무거웠다.

이 일들은 모두 탈 스테로이드 증상을 제대로 이해하지 못해 생긴 일이었고, 내겐 뼈아픈 교훈이 됐다. 모든 이를 이해시키고 만족시키려 했던 욕심을 내려놓고, 내 삶의 균형을 지키는 게 중요함을 깊이 깨달았다.

이런 경험들을 통해 내가 할 수 있는 만큼만, 내 건강을 지키며 최선을 다하기로 했다. 모든 사람을 만족시키겠다는 욕심 대신, 내 삶의 균형을 지키며 오래 갈 수 있는 길을 택하기로 했다.

이제는 모든 걸 안고 가지 않기로 했다

그래서 심각한 피부 질환을 가진 고객들에겐 호전 과정에서 겪을 수 있는 최악의 상황을 먼저 설명하고, 충분히 생각한 뒤 결정하도록 했다. 특히 탈 스테로이드 증상을 제대로 이해하지 못한 분들에겐 반드시 가족과 상의 후 신중하게 결정하라고 조언했다. '가족 동의'가 필요하다는 말에 의아해하는 경우도 있었지만, 동의 없이는 제품 판매를 거절하기도 했다.

모든 사람을 만족시키겠다는 욕심과 과도한 책임감을 조금씩 내려놓았다. 대신 나를 믿고 제품을 써준 고객들과의 관계에 집중했다. 내가 할 수 있는 최선을 다하되, 모든 사람에게 이해받을 순 없다는 사실을 받아들이려 했다. 욕심을 내려놓으니 억울한 마음도 한결 가벼워졌다. 제품에 대한 확신은 여전하지만, 이제는 나를 믿고 사용하는 분들 덕분에 충분한 보람을 느낀다.

CHAPTER

3

신뢰는 광고보다 강하다

1

시간이 증명하는 제품의 진가

사업을 하다 보면 "검색 순위를 올려드리겠습니다" 또는 "매출을 올려드립니다"라고 광고하는 업체들의 연락이 끊이지 않는다. 그러나 이러한 광고는 비용이 만만치 않을뿐더러 신뢰하기 어려웠다. 입소문으로 찾아온 고객들과 상담하고 여러 실무만으로도 바빠 광고에는 큰 관심을 두지 않았다.

그러던 중, 회사 창립 초기인 2017년, 한 방송사에서 우리 제품에 관심이 있다며 방송 인터뷰를 요청해왔다. TV를 자주 보지 않는 나는 방송사 이름도 생소했고, 방송 출연에는 전혀 관심이 없었다. 거듭된 거절에도 계속 연락이 오자, 그들의 의도를 확인해보고자 남편과 함께 방문하게 되었다.

양심의 갈림길에서

방문 당일, 매일 전화로 제품에 관심을 표현하며 인터뷰를 요청했던 담당 여직원은 보이지 않았고, 다른 담당자가 기다리고 있었다. 방송사라고 소개한 그곳은 사실 광고 회사였으며, 그들이 제안한 광고 방식은 충격 그 자체였다.

그들은 2,000여 명의 아르바이트생이 댓글을 작성하며, 쇼핑몰에서 제품을 결제하지만 실제 배송은 하지 않는 방식이라고 설명했다. 대신 그들은 다양한 장소와 각도에서 찍은 제품 사진과 후기 내용을 댓글 부대에 전달하고, 댓글 부대는 이것을 그대로 리뷰에 올린다고 했다. 2,000여 명의 긍정적인 댓글이 쌓이면 검색 순위가 올라가고 자연스럽게 구매자가 늘어난다는 논리였다. 결제된 금액은 환불되며, 댓글을 작성한 사람에게는 건당 7천 원을 지급한다고 했다. 그들은 2,000여 명 중 우선 500명으로 시작해보자고 제안했다.

광고 방식 설명을 듣고 나는 "그건 사기잖아요?"라고 망설임 없이 말했다. 담당자는 처음에는 거짓 후기가 올라가겠지만, 그 이후에는 실제 구매자들이 리뷰를 남기게 되므로, 제품력에 자신이 있다면 두려워할 필요가 없다고 강조했다. 이런 방식으로 성공한 화장품 업체들의 사례까지 들며 설득을 이어갔다. 그들은 가짜 리뷰를 작성하고 광고를 진행하는 회사였다.

이런 세상이 존재한다는 사실이 놀랍고 실망스러웠다. 무려 2,000여 명이 고작 7천 원을 받고 거짓 후기를 작성한다는 현실이 충격적이었다. 나는 "저는 그런 광고는 절대 할 수 없습니다"라고 단호하게 말하고 자리에서 일어났다. 아픈 아이들을 위해 시작한 일이었기에, 당장의 이익을 위해 양심을 저버리는 일은 상상조차 할 수 없었다. 처음부터 정직하고 올바른 방향으로 나아가겠다고 다짐한 순간이었다.

몇 년 전, 사업 성장이 더뎌 조급함을 느낀 적이 있었다. 그때 나 역시 제품 홍보를 위해 블로그 체험단을 활용했다. 업체를 통해 체험단 20여 명을 모집해 제품을 무료로 제공하여 2주간 사용하게 하고 후기를 작성받는 방식이었다. 그들의 후기는 정성스러워 보였지만, 마음 한편은 불편했다.

밤늦게까지 아이의 가려움으로 힘들어하다가 몇 개월간 내 제품 사용 후 호전된 후 진심 어린 후기를 남겨준 고객들이 떠올랐기 때문이다. 그들의 이야기야말로 내 제품의 진정한 가치를 보여준다고 믿었다. 그런 생각이 깊어지면서 체험단 후기를 더 이상 진행하지 않았다. 오랜 시간 내 제품을 신뢰한 고객들의 이야기에 집중하는 것이 정직한 사업을 이어가는 길이라 믿었다.

대기업과의 만남,
그리고 나다운 선택

한번은 시아로 제품의 효과에 놀라워한 지인이 제약회사에 나를 소개해 주었다. 제약회사에 도착하자, 회사 임원들과 약학 및 의학계 교수로 겸직 중인 이사, 사장, 담당 직원들이 나를 맞이했다. 나는 홈페이지에 올라간 고객들의 개선 사례와 휴대폰에 저장된 진심 어린 대화 내용을 스크린에 띄워 설명했다. 회의 참석자들은 발표 내내 제품의 효과에 감탄했다. 특히 화폐상습진과 건선 같은 난치성 피부 질환에서 보인 개선 효과는, 현대 의학에서도 해결하지 못한 부분이라며 놀라워했다.

나의 발표가 끝난 후, MOU 체결을 제안받았다. 갑작스러운 제안에 나는 조금 더 깊이 고민한 후 결정을 내리겠다고 답했다.

일주일도 채 지나지 않아, 제약회사 임원 한 분이 연락을 주었다. 화장품 제조업체가 결정되었고, 납품할 대형 마트와도 협의가 끝났으며, 홍보 마케팅 부서와도 방법을 논의 중이라고 했다. 그들은 2차 만남을 제안했다.

예상보다 빠른 진행 속도에 설렘과 혼란이 동시에 몰려왔다. 한 명 한 명의 고객에게 제품 특징과 호전 과정을 세심하게 설명하며 피부 개선을 도왔던 나는, 대량 판매로 인해 제품을 충분히 이해하지 못한 채 사용하게 될 고객들이 생길 것을 우려했다. 더구나 방부제가 없어 제조와 보관 과정에서 위생 관리 문제가 발생할 수 있다는 현실적인 걱정도 커졌다. 제약회사와의 협업은 빠른 성장을 기대하게 했지만, 동시에 더 큰 책임과 예상치 못한 문제들이 따를 것이 걱정되었다.

내 고객 중 또 다른 제약회사를 운영하는 분에게 조언을 구했다. 그는 MOU 계약서의 의미를 설명하며, 지금은 시작 단계이니 큰 제약회사와의 협업보다는 기존에 운영하던 방식으로 좀 더 시간을 두고 운영해본 후 결정을 내리는 것이 좋겠다고 조심스레 제안했다.

두 번째 미팅에서 나는 솔직한 마음을 전했다. "제 제품에는 방부제가 없습니다. 그렇기 때문에 고객들에게 하루에 여러 번 발라도 안전하다고 자신 있게 말씀드릴 수 있었지만, 방부제가 없기에 대량 제조와 납품, 냉장 보관 과정에서 발생할 수 있는 문제들이 걱정됩니다." 제약회사 측은 내 고민을 이해한다며 아쉬움을 표했고, 현재처럼 운영하며 향후 방법을 모색하자는 제안을 했다. 그리고 언젠가 다시 만날 기회를 만들자는 훈훈한 약속과 함께 회의는 마무리되었다.

그 선택 이후, 가끔은 '그때 다른 결정을 했더라면 어땠을까?' 하는 생각이 스치기도 한다. 아마도 더 빠르고 더 큰 성장이 있었을지도 모른다. 그러나 나는 내 힘으로 수많은 고객의 피부 건강을 개선하며 도움을 주었다는 것에 깊은 자부심을 느낀다. 무엇보다 일회성에 그치지 않고 꾸준히 애용하며 신뢰를 보내주는 고객들이 있다는 사실이, 내 선택이 옳았음을 날마다 확신하게 한다.

나는 지금도 고객 한 명 한 명과의 직접 상담을 통해 제품의 특징과 개인별 피부에 맞는 사용법을 세심하게 안내하고 있다. 이러한 정성 덕분에 중도 포기자를 줄일 수 있었고, 더 많은 치유의 이야기를 만들어낼 수 있었다. 시작은 작았고 성장 속도는 다소 더뎠지만, 혼자의 힘으로 시작한 만큼 꾸준히 나아간다면 10년 후에는 더 큰 변화를 이룰 수 있으리라는 믿음이 있다.

시아로를 운영하면서 언제나 고객의 입장에서 생각하고 행동하려 했다. 제품에 문제가 생기면 주저 없이 신속한 해결책을 제시했다. 고객들이 내 제품에 걸었을 기대와 희망을 생각하면, 혹시라도 문제가 생겼을 때 느낄 실망감이 더 크게 다가왔기 때문이다. 그래서 고객의 입장에서 문제를 해결하는 것이 무엇보다 중요했다.

예를 들어, 택배 배송 중 제품이 파손되거나 오배송되어 고객이 불편을 겪는 경우가 있었다. 이런 상황에서는 제품의 하자가 확인되기 전이라도 즉시 교환 처리를 해주었다. 새 제품을 먼저 보내고 기존 제품은 후에 회수하는 방식으로, 당장의 손해보다는 고객 만족을 우선으로 두었다.

이러한 진심 어린 대응은 고객들에게 깊은 신뢰를 심어주었고, 자연스럽게 오랜 인연으로 이어졌다. 결국, 고객들이 믿고 다시 찾을 수 있는 단단한 관계가 만들어진 것이다. 당장의 손실을 감수하더라도 고객 신뢰를 최우선으로 한 이러한 방식이, 오히려 장기적으로는 사업의 든든한 기반이 되어주었다.

정직하게 쌓아온 신뢰는 느리지만, 반드시 빛을 발할 것이라 믿는다. 시간이 흐르면서 고객들이 보내준 변함없는 사랑과 믿음은 사업의 가장 큰 자산이자, 앞으로 나아갈 힘이 되어주고 있다. 결국, 차곡차곡 쌓아온 이 신뢰야말로 내 가장 큰 자부심이 될 것이다.

2

화려한 포장보다 강한 고객의 미소

자본이 넉넉하지 않은 소규모 기업일수록, 화려한 겉모습보다 내실을 다지는 것이 중요했다. 제품의 품질이 소비자에게 가치를 전달해야 한다는 신념으로, 포장보다는 제품 성능과 품질 향상에 집중했다.

화장품이나 비누 원료는 같은 종류라도 등급에 따라 가격 차이가 수십 배까지 벌어진다. 하지만 나는 흔들림 없이 최상급 원료만을 고집했다. 이는 우리 아이를 위해 보습력 높고 안전한 제품을 만들고자 했던 초심에서 비롯되었다. 비누 제작에서도 고급 원료를 아끼지 않았다. 비누는 물에 씻겨 나가기에 보통은 흡수되는 원료보다 저렴한 원료를 쓰지만, 피부에 직접 닿는다는 점에서 크림과 동일한 최상급 원료를 선택했다. 합성 향료 대신 천연 아로마를 사용한 것도 같은 이유였다. 이런 원칙 덕분에 우리 제품은 시장에서 깊은 신뢰를 얻을 수 있었다.

실용을 택한 작은 결정들

제품의 신선도를 유지하기 위해 제조 시점에 맞춰 원료를 조달했다. 사업 초기에는 고객이 많지 않아 소량으로 구매했지만, 고객이 늘어난 후에도 신선한 원료만을 고집하며 필요한 만큼만 조달했다. 대량 구매로 비용을 줄일 수 있다는 것을 알면서도, 신선한 품질이 우선이라 여겼다. 이로 인해 원료 수급이 늦어져 제품 제조가 지연되는 어려움도 있었지만, 변함없이 신선함을 유지하고자 애썼다.

제품 용기 또한 화려함보다 실용성을 우선시했다. 우리 가족이 쓸 것을 생각하며, 끝까지 알뜰하게 사용할 수 있는 약병을 선택했다. 사업이 커진 후에도 이 약병을 고수했고, 지금도 비슷한 튜브형 용기를 사용한다. 주변에서는 정식 화장품 회사답게 세련된 포장으로 바꾸라 했지만, 나는 제품의 본질적 가치에 집중했다.

지인들과 일부 고객의 의견에 따라 잠시 약병을 펌프형 용기로 바꿔보기도 했다. 하지만 기존 고객들이 약병의 실용성을 강조하며 다시 도입해달라는 요청이 이어져, 결국 약병을 다시 이용했다.

비누 모양 역시 만들어진 그대로를 고수했다. 수제 비누라 반듯하지 않고 울퉁불퉁했지만, 다듬느라 낭비하기보다는 있는 그대로 제공하는 것이 더 가치 있다고 믿었다. 이런 비누 모양에 대한 의견도 다양했지만, 오히려 그 투박함에서 진정한 수제 비누의 정성을 느낄 수 있다는 고객들의 피드백이 이어졌다. 한동안 비누 모양을 다듬어보기도 했으나, 결국 고객들이 더 선호한 것은 자연스러운 모습이었다.

이러한 경험을 통해 겉모습보다 제품의 진정한 가치가 중요함을 깨달았다. 용기나 외형과 관계없이 고객들은 한결같이 내 제품을 신뢰하고 사용해주었다.

혁신은 일상에서 피어난다

나는 머리가 복잡하거나 마음이 어지러울 때면 제품 개발과 연구, 청소 그리고 공간 구조 변경 같은 환경 정리에 몰두하곤 했다. 청소와 정리를 마치고 나면 머릿속까지 맑아지고 마음이 한결 가벼워졌다. 이런 과정은 단순한 정돈을 넘어 새로운 연구 아이디어가 떠오르는 소중한 순간이 되었다. 그래서 내 사업체를 찾는 이들은 종종 "또 바뀌었네!"라며 놀라워했다.

민감한 피부나 피부 질환이 있는 분들에게서 시중의 색조 화장품이 트러블을 일으키곤 했다. 이런 제품으로 심각한 피부 문제를 겪고 도움을 요청하는 고객들이 많았다. 안전한 색조 화장품을 만들고자 연구를 거듭했지만, 늘 아쉬움이 남아 고민이 깊어졌다.

그러던 중, 색조 파우더를 빼고 비타민이 풍부한 추출물의 색을 그대로 비비크림에 적용하면 어떨까 하는 아이디어가 떠올랐다. 추출물 양을 늘려 만들어보니, 그 고유의 노란빛이 화장품에 은은하게 스며들었다. 이렇게 탄생한 노란빛 화장품은 피부 본연의 색을 자연스럽게 살리면서도 촉촉한 비비크림 역할을 했다. 이 제품은 트러블 걱정 없는 비비크림으로 좋은 반응을 얻었다. 색조 파우더 대신 자연 성분을 활용해 피부에 더욱 안전하고 매력적인 결과를 만들어냈다.

정식으로 사업을 시작하면서 나는 우리 가족이 써오던 그대로, 방부제 없는 제품을 지키겠다고 다짐했다. 방부제가 없어 냉장 보관이 필수였고, 유효 기간이 짧아 대량 생산이 어려웠다. 하지만 방부제가 없기에 듬뿍 발라도 안전하다는 확신이 있었고, 나는 이 원칙을 굳건히 지켰다. 짧은 유효 기간 때문에 여러 개를 주문한 고객들이 냉장고 속 제품을 뒤늦게 발견하는 일이 있었다. 이때 고객들은 유효 기간이 얼마 남지 않은 것을 확인하고 기한 내 사용을 위해 더 자주 발랐고, 그 결과 더 빠르고 확실한 효과를 경험했다. 일부 고객들은 "집중적으로 사용하니 효과가 더 빨리 나타난다"는 후기를 남겼다.

이런 경험을 바탕으로, 고객들이 제품을 신속히 사용하도록 유효 기간을 실제보다 약간 짧게 설정했다. 이는 제품 사용을 독려하면서도, 기한이 지나도 안심하고 쓸 수 있다는 믿음을 전하기 위함이었다. 결과적으로, 짧은 유효 기간 덕분에 고객들은 제품을 집중적으로 사용하며 더 빠른 효과를 체감했고, 이는 깊은 신뢰로 이어졌다.

사업 초기에는 실온에 오래 두었던 제품에서 곰팡이가 생기는 문제가 있었다. 하지만 고객들은 이를 비난하기는커녕 "보존제가 없는 진짜 천연 제품임을 확인했다"며 더 깊이 신뢰했고, 증거 사진까지 보내주었다. 이토록 따뜻한 반응에 보답하고자 나는 곰팡이 문제를 해결하기 위해 끊임없이 연구하고 실험했다. 마침내 곰팡이 걱정 없는 제품을 완성할 수 있었고, 고객들의 신뢰는 내가 더 성장하는 든든한 힘이 되었다.

이처럼 단점으로 보였던 것이 오히려 장점이 되어 고객들에게 진정성을 인정받았고, 이는 뜻깊은 결실로 이어졌다.

때로는 고급스러운 포장의 제품들을 보며, 나도 제품을 더 아름답게 포장하고 싶은 마음이 든다. 그러나 선물 포장 후 버려지는 포장재를 보며 환경에 대한 고민이 깊어졌다. 그래서 그 욕심을 내려놓고, 제품 본연의 가치에 집중하는 길을 걸어왔다. 덕분에 내 제품은 자주 품절될 만큼 많은 고객의 사랑을 받고 있다.

이런 성과는 하루아침에 이루어진 것이 아니었지만, 화려한 포장이나 광고보다는 내실을 다지는 것이 진정한 고객 신뢰를 얻는 길임을 깨닫게 되었다.

결국, 겉모습의 화려함보다 고객이 실질적인 변화를 경험하고 만족하는 것이 내가 추구하는 사업의 핵심 가치다. 이러한 진심이 고객들의 신뢰로 이어졌고, 오랜 시간에 걸쳐 꾸준히 성장을 이루는 원동력이 되었다고 믿는다. 고객의 미소를 위해 제품의 진정한 가치를 만들어가는 정성과 노력이야말로 내가 걸어가는 바른 사업의 길이다.

3

천 마디 말보다 강한 한 장의 후기

"눈 가리지 마세요! 사람들이 믿지 않을 수도 있잖아요!"

홈페이지 후기에 올라온 고객의 얼굴 사진에서 내가 눈을 가렸더니, 오히려 고객이 이렇게 말했다. 피부가 개선된 모습을 있는 그대로 보여주고, 사진 속 자신이 실제 인물임을 증명해야 다른 이들에게 진정한 신뢰를 줄 수 있다는 것이었다. "제 경험이 다른 분들에게 더 큰 희망이 되길 바랍니다"라는 따뜻한 마음도 함께 전했다.

"요즘의 제 얼굴 올려드려요. 자유롭게 사용하세요." 수년간 심한 얼굴 습진으로 우울했던 또 다른 고객은 내 제품으로 피부가 깨끗해진 후, 3년이 지난 지금까지도 건강하게 유지되는 모습을 사진과 함께 전해주었다. 시아로 홍보에 자유롭게 활용하라며 보내준 소중한 후기였다.

많은 고객이 "저처럼 힘들어하는 분들께 도움이 되길 바랍니다"라며 자신의 치유 여정을 사진과 글로 남겨주었다. 이들의 이야기는 단순한 전후 비교가 아닌, 피부 질환이 시작된 순간부터 건강한 피부를 되찾기까지의 모든 과정이 담긴 생생한 기록이었다. 고통스러웠던 순간과 희망을 되찾아가는 여정이 고스란히 담긴 진심 어린 이야기들이었다.

어떤 대가나 보상을 바라지 않고 전해준 고객들의 사진과 후기는 단순한 감사 표현을 넘어, 나의 진심을 알아봐 준 가장 소중한 증거가 되었다.

고객 신뢰가 만든 브랜드 가치

시아로 홈페이지에는 나의 진심을 믿어준 소중한 고객들의 감동적인 이야기가 가득하다. 이렇게 많은 사연이 쌓일 수 있었던 것은 피부 질환으로 힘겨워하는 고객들의 마음을 먼저 생각하고, 진심 어린 마음으로 다가갔기 때문이다.

대부분의 고객은 양방, 한방, 민간요법까지 모든 것을 시도했지만 효과를 보지 못한 심각한 피부 문제를 겪고 있었다. 그들은 광고나 홍보도 없는, 이름 없는 작은 화장품 회사를 입소문이나 끊임없는 인터넷 검색 끝에 발견하고 마지막 희망을 걸고 찾아온 사람들이었다. 그래서 더욱 애틋한 마음으로 직접 만남이나 전화, 문자, 카톡으로 밤낮없이 상담하며 도움의 손길을 내밀었다.

나는 수많은 고객을 갖는 것보다 내 진심을 알아주는 '찐팬' 한 명을 얻는 것이 더 소중하다고 여겼다. 특히 내 제품을 시중의 흔한 제품 중 하나로 여기는 고객을 만날 때면, 이 제품을 선물처럼 소중히 여기고 '은총'이나 '축복'이라 표현해주는 고객들이 떠올라 다시 초심을 다잡곤 했다.

단 한 명이라도 진심을 알아주는 고객이 있다면, 그 고객을 위해 끝까지 최선을 다하겠다는 마음이었다. 한 명 한 명의 고객을 소중히 여기며 그들의 이야기에 진심으로 귀 기울였다. 이런 진정성이 많은 충성 고객을 만든 비결이었다.

이런 나의 마음을 아는 고객들은 나를 개인 피부 주치의처럼 여기며 의지했다. 피부 상태가 악화되거나 새로운 문제가 생길 때마다 해결책을 찾고자 수시로 연락해왔다. 그들은 단순한 제품 사용법을 넘어, 피부 문제로 인한 불안과 걱정까지 함께 나누고 싶어 했다. 이들에게 나는 단순한 제품 판매자가 아니라 믿고 의지할 수 있는 동반자였다.

진심으로 이어진 특별한 순간들

시아로의 성장은 이처럼 제품을 신뢰하고 진심 어린 후기를 남겨준 수많은 고객 덕분에 가능했다. 그들의 진정성 있는 이야기는 또 다른 고객들에게 희망이 되었고, 나 역시 그들의 응원과 신뢰에서 큰 힘을 얻었다.

어느 날, 남편의 생일 저녁 식사 자리에서 태열로 고통받는 아기의 엄마로부터 연락이 왔다. 제품 사용법을 설명하고 위로하다 보니 어느새 30분이 훌쩍 지나 있었다. 자리로 돌아오니 내 음식은 식어 있었고, 남편과 아이들은 실망한 눈빛으로 나를 바라보고 있었다.

남편은 "오늘은 내 생일인데…"라며 서운해했다.

"정말 미안해. 아기의 젖꼭지에서 진물이 나는데 엄마 마음이 얼마나 아팠겠어. 전화를 끊을 수가 없었어."

그날의 일은 지금도 많이 미안하다.

친정아버지 생신에도 비슷한 일이 있었다. 화폐상습진으로 학교를 못 가는 중학생 딸을 둔 아버님과 상담을 하게 된 것이다. 아이의 피부 사진을 톡으로 전하며 대화를 나누다 보니 한 시간이 흘렀고, 가족들은 아버지 생신날 왜 그리 오래 통화하냐며 서운해했다. 하지만 나는 아이의 고통스러운 모습이 담긴 사진들을 보여주며 상황을 설명할 수밖에 없었다.

사업을 하며 가족과 함께하지 못한 순간들이 많았다. 한번은 큰맘 먹고 떠난 대부도 주말여행 첫날, 제품이 부족하다며 불안해하는 고객의 연락을 받았다. 가족들의 원망 어린 눈길을 뒤로한 채 여행을 접고 집으로 돌아와 제품을 전달했다. 다행히 그 고객은 건강한 피부를 되찾은 후 감사의 마음을 담아 직접 농사지은 참외를 보내주었다.

주말 저녁, 아이들과 시간을 보내던 중에도 다급한 전화가 왔다. 아토피가 있는 아이가 쌀로 만든 빵을 먹고 온몸에 두드러기가 올라왔다는 소식이었다. 즉시 호흡에 문제가 없는지 확인하고, 사진을 받아본 뒤 찬물로 씻기고 수분 크림을 바르라고 조언했다. 얼마 지나지 않아 증상이 호전되었다는 소식과 함께, 위급한 순간에 가장 먼저 떠올랐다는 말을 들었다. 누군가에게 첫 번째로 생각나는 사람이 되었다는 사실에 위안을 삼았다.

고마워하고 미안해하는 고객들에게는피부가 건강해져서

나를 찾지 않게 되는 것이 내 진정한 바람이라는 말을 늘 전했다. 그들이 나를 더 이상 필요로 하지 않는 순간이야말로 진정한 피부 회복의 완성이기 때문이다. 수시로 연락하던 고객들이 건강한 피부를 되찾아 떠나면, 그 자리에는 늘 새로운 고객이 찾아왔다. 그렇게 나의 여정은 이어졌다.

고객의 이야기가 만든 변화

많은 이들이 나를 자신의 '피부 주치의'처럼 여겼다. 한때는 잦은 연락에 전화벨 소리나 문자 알림만 들어도 가슴이 두근거리는 전화 공포증이 생기기도 했다. 그럼에도 진심을 다해 상담을 이어간 것은, 그들의 고통을 너무나 잘 알고 있었기 때문이다. 나 역시 아이의 피부 질환으로 힘들었을 때 의지할 곳 없이 외로웠던 기억이 있었기에, 더욱 그들의 손을 놓을 수 없었다.

전화와 메신저 상담에 대한 두려움을 극복하고자, 고객들과 더욱 효율적이고 체계적으로 소통할 수 있는 상담 시스템을 홈페이지에 구축했다. 다행히도 많은 고객이 내 고민과 노력을 이해해주어, 시아로 홈페이지의 상담 시스템을 적극적으로 활용한다. 이렇게 배려하는 고객들 덕분에 상담이 한결 수월해졌을 뿐만 아니라, 상담 내용과 개선 사례들을 체계적으로 기록할 수 있게 되었다.

이런 진정성 있는 소통 덕분에 시아로는 단순한 제품 판매 회사를 넘어, 고객들의 삶에 긍정적인 변화를 함께 만들어가는 동반자가 되었다. 고객들은 자신의 경험을 다른 이들과 나누고 싶어 했고, 피부가 회복된 후에도 꾸준히 소식을 전해왔다. 그들의 진솔한 후기와 사진들이 홈페이지에 쌓이면서 시아로에 대한 신뢰는 더욱 깊어졌고, 이는 또 다른 이들에게 희망의 메시지가 되었다.

그들의 이야기는 어떤 광고보다 강력했다. 단순한 후기를 넘어 서로에게 용기와 희망을 전하는 감동적인 이야기가 되었다. 시아로가 지금까지 성장할 수 있었던 것은 나 혼자의 노력이 아닌, 진심을 담아 자신의 이야기를 들려준 수많은 고객 덕분이다. 그들의 이야기가 이어지며 시아로도 함께 성장했다. 이 감동적인 여정은 나에게도 큰 힘이 되었고, 앞으로도 더 많은 치유의 이야기를 만들어갈 것이다.

4

경험에서 얻은 지식은 가장 강한 무기다

책이나 교육으로 얻은 이론적 지식은 새로운 지식을 받아들이는 기초가 된다. 하지만 이론만으로는 한계가 있고, 다양한 경험을 통해 얻은 실전 지식이 더해질 때 비로소 진정한 가치를 발휘한다. 경험에서 얻은 통찰과 이론적 기반이 만날 때 문제를 더 깊이 이해하고 창의적으로 해결하는 힘이 생긴다.

간호학 전공 지식은 아토피가 있는 내 아이를 돌보는 데 큰 도움이 되었다. 아이 피부를 관리하며 겪은 수많은 시행착오는 화장품 사업의 밑거름이 되었고, 이후 고객 상담을 통해 얻은 경험들은 이론적 지식을 뒷받침하는 실질적인 노하우가 되었다.

특히 수천 명의 피부 환자들이 겪은 과정에서 쌓인 경험은 소중한 데이터가 되어 더 많은 사람의 피부 문제 해결에 든든한 자산이 되었다. 현장에서 얻은 이러한 지식들은 수많은 고객들의 피부 문제 해결에 직접 적용되어 놀라운 변화를 이끌어냈다.

이런 경험이 쌓이면서 이제는 고객들이 보내는 사진만 보고도 염증 정도, 감염 여부, 앞으로의 진행 방향과 호전 가능성 등을 예측하고 조언할 수 있게 되었다. 오랜 실전 경험을 통해 고객의 피부 상태를 빠르게 파악하고 최적의 관리법을 제시할 수 있는 나만의 전문성을 갖추게 된 것이다.

피부 상담을 하면서 특히 주목한 점은 아토피 질환으로 약물을 사용해온 고객들의 피부 호전 과정이 훨씬 복잡하다는 사실이었다. 약물 사용 고객의 경우, 단순한 피부 질환을 넘어 면역력 저하로 인한 다양한 문제가 함께 나타났다. 예를 들어, 약물 사용이나 오랜 투병으로 면역력이 떨어져 세균 감염이 쉬워지면서 농가진, 한포진, 화폐상습진 같은 새로운 피부 질환이 생기기도 했다.

반면 약물을 전혀 사용하지 않은 고객은 피부 질환 자체만 호전시키면 되었기에 회복이 빠르고 필요한 제품량도 훨씬 적었다. 3년간 약을 사용하지 않은 고객은 내 제품으로 특별한 증상 없이 3~4개월 만에 호전되었고, 증상이 있더라도 가벼운 열감이나 트러블 정도였다. 그러나 약물 사용 고객들은 열감, 부종, 가려움, 따가움, 진물, 고름 등 다양한 증상을 보였고, 때로는 원래 문제가 없던 목, 가슴, 팔, 다리까지 증상이 퍼지기도 했다.

탈 스테로이드:
약물 사용의 진실 마주하기

사업 초기에는 스테로이드 약물을 사용했던 고객들에게 나타나는 여러 증상이 탈 스테로이드 과정에서 자연스럽게 발생하는 현상이라고 설명해도, 이를 내 제품의 부작용으로 오해하는 경우가 있었다. 다행히 요즘은 '탈 스테로이드' 개념이 널리 알려져, 약물 사용에 따른 증상임을 이해하고 상담을 의뢰하는 고객들이 늘면서 오해도 크게 줄었다.

내가 이 사업을 이어가는 이유는 피부 치료제로 무분별하게 처방되는 스테로이드, 항생제, 항염제의 위험성을 알리고 건강한 대안이 있음을 알리고 싶어서다. 단순한 제품 판매를 넘어, 고객들에게 더 나은 선택지를 제시하고자 하는 것이다.

간호학이나 의학 전공 서적에서는 피부 질환 해결책으로 주로 대증요법을 권장하며, 필요시 스테로이드와 항생제 사용을 제안한다. 교재에서는 부작용도 언급하지만, 대부분 '극소수'에게만 나타나는 문제로 설명한다. 예컨대 1,000명 중 8명, 100명 중 4~5명 정도로 드문 사례라고 서술한다.

그러나 시아로를 운영하며 만난 수많은 피부 질환 환자들과의 상담을 통해, 이러한 부작용이 교과서의 설명보다 훨씬 더 흔하다는 사실을 알게 되었다. 물론 내게 찾아오는 고객들은 대부분 기존 치료법으로 호전되지 않아 마지막 희망으로 내 제품을 찾는 경우가 많아, 이들 사례가 전체 피부 환자의 평균을 대표한다고 보기는 어렵다. 그러나 내가 만난 고객들의 경험을 보면, 부작용은 단지 나타나는 시기만 다를 뿐 결국 누구에게나 발생할 수 있다는 것을 깨달았다.

특히 아토피처럼 예민한 피부를 가진 경우나, 유전적 요인 또는 피부 질환 이력이 있다면 약물 사용이 더 큰 문제를 초래할 가능성이 크다. 약물 부작용으로 고통받는 아이들을 볼 때마다 마음이 무거워지며, 엄마들이 약물 사용을 더욱 신중히 결정하길 바라는 마음으로 상담에 임한다. 나 역시 피부 질환으로 스테로이드 부작용을 겪었다. 얼굴이 붓고 발적이 생기며, 가려움과 열감으로 힘들었기에, 피부 질환 이력이 있는 이들에게 약물 사용의 위험성을 경고하지 않을 수 없었다.

실용 지식이 주는 가치

내 실패와 성공의 경험을 통해, 고객들이 같은 시행착오를 겪지 않기를 바라는 마음이 컸다. 피부 질환으로 고민하는 고객들은 내 경험에 귀 기울였고, 나 역시 그들의 이야기를 경청하며 서로의 경험을 나누었다. 이렇게 서로를 이해하고 존중하는 소통이 이어졌다. 이 과정에서 얻은 구체적인 정보들은 피부 질환의 병태 생리, 음식, 환경, 스트레스, 약물 관리에 대한 이해를 깊게 했고, 이를 토대로 체계적인 피부 관리 매뉴얼을 개발할 수 있었다.

그 결과 병원에서도 정확한 진단을 받지 못한 고객들의 문제를 설명하고 해결책을 제시할 수 있게 되었으며, 이를 통해 수천 명의 피부 개선을 도울 수 있었다. 이런 경험들이 쌓여 시아로 화장품은 단순한 제품 판매를 넘어, 고객들에게 더 나은 피부 관리법을 제시하는 소중한 자산이 되었다.

한번은 30대 고객이 주사피부염 진단을 받은 후 5년간 여러 치료를 받았지만 호전되지 않아 상담을 요청했다. 증상을 듣고 나서 나는 찬물로 세안해보기를 권했다. 그러자 고객은 "5년 동안 만난 의사들은 모두 미온수로 세안하라고 했는데, 왜 찬물이냐?"며 근거를 물었다. 피부는 차가운 성질을 선호한다는 원리와 찬물이 피부를 진정시키고 수축시켜 탄력을 높여준다는 점을 설명하며, 만약 의사의 조언대로 미온수로 호전되었다면 나를 찾을 일이 없었을 것이라고 답했다.

이후 고객은 찬물 세안이 실제로 효과가 있었다며 만족해했고, 그 원리에 대해서도 더 깊이 이해하게 되었다. 이 경험은 이론적 지식과 실제 경험의 차이를 다시 한번 깨닫게 해주었다.

많은 부모들이 아이들의 냉찜질을 위해 찬물에 얼굴을 담그게 하면 거부감이 심하다고 호소한다. 나는 이런 상황을 게임으로 바꾸어 해결했다. 먼저 내가 시범을 보이고, 작은 대야 두 개에 찬물을 채운 뒤 '오래 잠수하기' 놀이로 만들어 아이들이 서로 경쟁하게 했다. 처음에는 찬물을 꺼리던 아이들도 놀이처럼 즐기며 자연스레 참여했고, 이 방법을 다른 부모들과 공유했을 때도 좋은 반응을 얻었다.

피부 질환과 관련해 음식 조절을 제안할 때면 많은 고객이 음식과 피부는 별 관계 없지 않냐며 의문을 제기한다. 이럴 때 나는 고기류의 단백질 대사 과정을 예로 들어 설명한다. 소고기나 닭고기의 단백질이 분해되면서 질소 성분이 대사되어 요소와 요산 같은 노폐물이 생성되는데, 이는 대·소변과 함께 피부를 통해서도 배출된다. 피부 질환이 있는 경우, 이러한 노폐물 배출 과정에서 약한 피부의 경우 피부가 자극을 받아 가려움, 따가움, 열감이 생길 수 있다. 실제로 우유, 빵, 육류 섭취 후 증상이 악화된 고객들의 구체적인 사례들이 이를 뒷받침한다.

피부 질환에서 음식 제한이 중요한 이유는 신장 기능과 밀접하게 연관되어 있다. 나는 신장을 우리 몸의 '정화시스템'에 비유하며 설명한다. 정상적인 신장은 몸에 좋은 영양소는 배출을 막아 보존하고 노폐물은 배출하지만, 신장에 문제가 생기면 이와 반대되는 현상이 발생한다. 즉, 필요한 영양소는 오히려 배출되고 노폐물은 제대로 배출되지 않아 체내에 쌓이면서 피부에 자극을 일으켜 가려움, 따가움, 열감을 유발하게 된다. 또한 단백질이 부족하면 혈액 속 수분이 조직으로 빠져나가 부종이 생겨 피부가 붓는 현상도 나타난다. 이러한 설명을 통해 고객들은 내 조언의 과학적 근거를 이해하고 실천하게 되었고, 실제로 피부 개선 효과를 경험했다.

이처럼 나의 모든 조언은 기본 의학 이론과 다양한 실제 사례들이 어우러져 만들어진 결과물이다. 이 글에서 전하고 싶은 것은, 경험을 통해 얻은 지식이야말로 가장 실용적이고 가치 있다는 점이다. 이렇게 쌓인 종합적인 지식은 많은 사람의 피부 질환 개선에 실제적인 도움을 주었다. 내가 수년간 쌓아온 경험이 누군가의 삶의 질을 높이는 데 기여하는 모습을 보며, 실용 지식의 가치를 무엇보다 소중히 여기게 되었다. 앞으로도 더 많은 경험이 더 많은 지식으로 이어지고, 이 소중한 지식이 더 많은 이들에게 도움이 되길 진심으로 바란다.

나아가, 각자가 자신의 경험을 통해 얻은 지식의 가치를 소중히 여기며, 실생활에서 적극적으로 활용했으면 한다.

5

고객과 나를 잇는 기록의 힘

화장품 사업을 정식으로 시작한 지 어느덧 8년, 그동안 피부 문제로 상담한 고객만 해도 2천여 명이 넘는다. 수많은 고객과 함께한 시간은 단순한 사업을 넘어, 내 삶의 일부이자 소중한 인연이 되었다. 고객들은 내가 수많은 이들과의 일화를 대부분 기억하고 있다는 것에 놀라워한다. 그들과의 순간들은 어제처럼 생생하다. 몇 년 만에 다시 연락을 주는 고객들에게 예전 이야기를 꺼내면, 그들은 놀라며 감동을 전한다.

사업 초창기에 만난 한 고객이 아이의 아토피 피부 문제로 시아로 제품을 사용하던 때가 있었다. 7~8년 전 그 고객과 나눈 대화를 나는 또렷하게 기억하고 있다. 당시 그 고객의 아이는 심각한 아토피로 시아로 제품을 사용 중이었고, 뜨거운 다리미에 얼굴을 데이는 사고가 나 급하게 내게 연락해왔다. 당시 고객의 목소리에는 절박함이 가득했고, 내가 제안한 방법으로 아이의 얼굴이 회복되었다며 감사 메시지를 전해왔다. 얼마나 마음을 졸였는지, 수분 크림 덕분에 깨끗해진 피부를 보며 느낀 보람은 지금도 생생하다.

그 고객이 몇 년 만에 연락을 주었다. 반가운 마음에 "아이 잘 지내냐?"고 묻자, 벌써 초등학생이 되어 시아로 제품 사용하지 않아도 건강한 피부를 유지하고 있다는 소식을 전했다. 아이가 다리미에 얼굴을 데였던 일이 떠오른다며 당시 가슴이 철렁했던 순간과 아이의 회복을 기다리던 긴장감을 전했다. 고객은 그것까지 기억하냐며 놀라워했다.

또 다른 고객은 자신의 건선을 극복한 후 내 제품을 깊이 신뢰하게 되어, 60대 어머니의 피부 주사피부염까지 개선시킨 사례가 있다. 스테로이드 사용 후 탈 스테로이드로 고생하던 어머니를 위해 내 제품을 선택했고, 힘든 과정을 견디며 함께 회복을 이뤄냈다. 그 후 셋째 아이를 출산했고, 태열이 있던 아기도 건강하게 성장하는 근황을 전했다. 최근 통화에서 이런 일들을 함께 추억하며, 어머니의 건강한 피부와 이제 초등학생이 된 아이의 소식을 들으니 마치 내가 키운 아이처럼 뿌듯했다.

8년의 시간,
2천 여 명의 이야기

많은 고객이 피부 문제로 힘든 순간마다 나를 주치의처럼 여기며 연락해왔다. 응급상황에서 도움을 구하는 이들, 위로가 필요해 울먹이며 전화하는 이들, 치료법 선택으로 갈등하는 가족을 설득해달라는 이들, 피부 개선에 관한 확신이 필요한 이들, 같은 질문을 반복하는 이들, 상황별 사용법을 묻는 이들까지…. 그들에게 나는 단순한 화장품 판매자가 아닌, 피부 문제에 관한 한 믿고 의지할 수 있는 버팀목이 되고 싶었다.

그들의 경험은 내 머릿속에 생생하게 남아 있다. 꼼꼼히 기록했기 때문이기도 하지만, 많은 일화가 내게는 잊을 수 없는 순간들이었기 때문이다. 그래서 매번 진심을 다해 상담했고, 고객 한 분 한 분의 회복 과정을 지켜보는 일은 늘 긴장의 연속이었다. 그들의 이야기는 나를 울고 웃게 만들었다.

가슴 뭉클한 순간이 참 많았다. 다리미에 크게 데인 얼굴이 회복된 아이, 수족구병으로 고생하다 깨끗해진 아기, 아버지의 화폐상습진 치료 과정을 함께한 아들의 이야기. 고양이를 만진 후 생긴 화폐상습진이 나았다며 참외 한 상자와 함께 전해 온 감사 인사, 계란 냄새만 맡아도 알레르기가 생기던 네 살배

기가 햄버거를 먹는 모습을 사진으로 전한 순간, 아기의 태열에 약 대신 시아로를 선택한 약사 고객의 믿음, 전신 아토피를 이겨내고 임용고시에 합격하여 선생님이 된 이야기, 나의 전화 연락에 처음엔 상업적이라 경계하다 진심을 알아준 고객들, 결혼을 앞두고 절망했던 신부가 깨끗한 피부로 식장에 선 감동적인 순간까지….

이 모든 해피엔딩은 꾸준한 기록을 바탕으로 고객들과 지속적으로 소통하며 쌓은 신뢰가 있었기에 가능했다. 이 기록들은 나와 고객을 이어주는 소중한 끈이 되어주었다.

그들이 일상을 되찾고 행복해하는 모습은 단순한 제품 효과를 넘어, 삶에 긍정적인 변화를 가져왔다는 점에서 더욱 의미가 깊다. 오랜 시간이 지난 후에도 이 추억들을 고객들과 나누며, 이 인연이 얼마나 소중하고 내 일이 얼마나 보람된지 다시금 깨닫는다.

이런 기록들은 더 많은 치유의 이야기를 만들어냈고, 자발적인 추천과 후기로 이어졌다. 심각한 아토피를 앓던 두 아이가 건강한 초등학생과 중학생으로 성장하는 모습을 전해준 고객, 엄마와 매일 싸우면서도 끝까지 사용해 아토피를 이겨낸 개선장군 같은 여성 고객, 트러블이 더 생겼지만 믿고 견뎌내 결국 강아지와 산책할 수 있게 된 고객, '에라 모르겠다, 될 대로 되라'는 심정으로 더 많이 발랐다가 백옥 피부를 얻은 고객들까지. 이 모든 이야기가 시아로의 역사가 되었다.

제품을 넘어 인연으로:
함께 걸어온 감동의 시간

점점 시아로의 팬층이 넓어졌고, 나 역시 그분들의 응원을 받으며 더 나은 제품을 만들어갈 수 있었다.

"시아로가 있어서 두렵지 않다."

"이런 제품 만들어주셔서 감사합니다."

이런 말씀을 들을 때마다 내가 만들어온 제품과 소통이 얼마나 큰 의미였는지를 깨닫는다. 고객이 내 제품으로 자신과 가족의 삶이 달라졌다는 소식은 더할 나위 없는 기쁨이었다.

고객이 보내주는 감사 메시지와 손편지, 때로는 직접 농사지은 농산물까지, 이런 따뜻한 마음과 믿음 덕분에 나는 이 길을 계속 걸을 수 있었다. 그들의 목소리를 들으며 우리 사이의 인연이 얼마나 특별한지를 새삼 느꼈다.

이 모든 순간들은 제품의 효과만을 말하지 않는다. 고객과 함께 겪은 긴장과 회복의 순간들, 서로를 믿고 걸어온 시간이 모두 기록되어 있다. 이 기록들은 고객과 나를 이어주는 다리가 되었고, 내 인생의 소중한 자산이 되었다.

이제는 이 기록이 단순한 추억이 아닌, 나를 지탱하는 힘이 되어간다. 앞으로도 고객들과 함께 만들어갈 이야기가 더욱 기대된다. 그들의 건강한 모습과 감사의 목소리가 내 삶에 큰 울림을 주는 만큼, 나는 앞으로도 이 기록을 계속 이어갈 것이다.

6

진심으로 쓴 글이 브랜드의 가치를 높인다

고객들이 시아로를 알게 되는 경로는 두 가지다. 하나는 지친 마음으로 인터넷을 검색하다 발견하게 되거나, 다른 하나는 이미 시아로로 효과를 본 고객의 진심 어린 소개를 통해 알게 되는 경우이다.

특히 인터넷 검색으로 홈페이지를 찾아온 고객들의 신뢰도가 더 깊다. 이들은 홈페이지의 글들을 꼼꼼히 읽고 문의하기 때문이다. 그래서인지 첫 통화에서부터 깊은 신뢰감과 감동을 전해준다. 어떤 분들은 시아로 홈페이지를 발견한 것이 하늘의 선물 같다며 눈시울을 적시기도 한다. 어떤 고객들은 홈페이지 글을 읽는 것만으로도 위로받았다며 희망에 찬 목소리로 감사 인사를 전한다.

이러한 고객들과의 상담은 마치 예습을 철저히 하고 온 학생과 함께하는 수업 같다. 홈페이지의 사례들과 정보를 깊이 이해하고 공감하며 대화가 자연스럽게 흐른다. 이런 고객들은 열린 마음으로 제품을 사용하기에 회복도 빠르고 성공률도 높다. 이런 고객들이 건강한 피부를 되찾을 때의 보람은 말로 다 표현할 수 없다.

반면, 확인되지 않은 소문만 듣고 자료를 제대로 읽지 않은 채 문의하는 고객들은 다른 반응을 보인다. 때로는 상세한 설명을 귀찮아하며 말을 끊거나, 회사와 제품에 대한 기원, 원리, 식약청 허가 여부를 캐물으며 의구심을 드러낸다. 정성껏 설명하다 이런 내용이 홈페이지에 있다고 하면, 그 많은 글을 언제 다 읽느냐며 답답해한다. 그럴 때면 마음이 무거워진다. 이런 경우는 안타깝게도 대부분 중간에 포기하거나 제품에 대해 부정적 평가를 남기고 떠난다.

마음을 움직이는 첫 만남의 순간

나는 모든 고객이 충분한 이해와 신뢰를 가지고 제품을 사용하기를 바란다. 단순히 판매로 끝나는 것이 아닌, 고객의 피부 문제를 진정성 있게 해결하려는 책임감 때문이다. 그래서 문의가 올 때마다 최대한 상세하게 설명한다. 이런 나의 세심한 접근에 대부분은 감사해하지만, 때로는 귀찮아하는 이들도 있다.

어느 날 한 고객이 전화를 걸어왔다. 지인이 너무 좋다고 해서 궁금해 연락했다고 했다. 나는 제품의 특징을 설명하며 피부 상태와 약물 사용 여부를 물었다. 그러자 고객은 "화장품 하나 팔면서 뭐가 그렇게 복잡하냐"며, 부작용이 생겨도 원망하지 않을 테니 바로 보내달라고 했다.

사업을 하며 다양한 고객을 만나지만, 무례한 태도를 접할 때면 마음이 상하고 심장이 두근거린다. 그럴 때면 판매하고 싶은 마음이 사라진다. 그래서 '카더라' 정보만 믿지 말고, 참고할 내용을 문자로 보내드릴 테니 깊이 생각하고 선택하시라며 대화를 마무리한다.

몇 주 후, 그 고객은 완전히 달라진 모습으로 다시 연락해왔다. 홈페이지의 글들을 읽고 감동받았으며, 특히 고객들의 글에 내가 남긴 댓글에서 진심을 느꼈다고 했다. 수많은 치료와 화장품으로 효과를 보지 못해 예민해져 있었고, 처음의 무례했던 태도를 후회한다고 사과했다.

수년간 고객들의 질문에 정성껏 답변하며 그들의 아픔과 기뻠을 함께 나눈 기록들이 이처럼 깊은 울림을 준 것이다. 진심을 다해 쓴 글들이 고객의 마음을 열고, 신뢰를 쌓아 제품 선택으로 이어졌다. 이렇게 홈페이지의 글을 통해 마음을 바꾼 고객들이 늘어났고, 더 나아가 시아로 제품만을 전적으로 신뢰하는 이들도 생겨났다.

진심으로 이어진 우리의 기록

나는 댓글로 하루를 시작하고 댓글로 하루를 마무리한다. 고객들은 홈페이지 고객 스토리에 수많은 질문을 남기고, 피부 증상이 심해지면 불안한 마음으로 문의하며, 호전되면 기쁜 마음으로 소식을 전해온다. 불안할 때의 초조함, 기쁠 때의 벅참, 궁금해서 애타는 그 마음을 누구보다 잘 이해하기에 나는 진심을 다해 더욱 정성을 기울인다.

'어떻게 하면 불안하고 힘든 순간에 위로가 될 수 있을까?', '어떻게 하면 기쁨을 함께 나누고 공감할 수 있을까?', '어떻게 하면 내 설명이 쉽게 와닿을까?' 이런 고민들이 종일 머릿속을 가득 채운다. 비록 인터넷이라는 공간에서 만나지만, 이렇게 매일 고객들과 소통하다 보면 그 안에서도 사람과 사람 사이의 관계가 깊어질 수 있음을 실감한다.

나의 이런 진심에 고객들은 큰 믿음으로 화답했다. 피부 회복에 전념하기 위해 휴학을 결심하거나, 직장을 휴직하고 지방으로 내려가 집중적인 관리에 들어가는 이들도 있었다. 이들의 강한 신뢰에 감사한 마음이 컸지만, 한편으로는 기대만큼 좋은 결과를 드려야 한다는 부담도 깊어졌다. 그래서 더욱 가족을 대하듯 정성을 다했고, 다행히 이런 고객들은 더 빠른 회복을 보였다. 내가 쏟은 정성만큼 좋은 결과가 이어졌고, 이 과정 하나하나가 모두 상담 글에 담겼다.

기억에 남는 한 고객은 직장에서 피부염이 옮을까 봐 걱정된다는 민원 때문에 퇴직을 선택했다. 감염될 질환이 아님을 설명했음에도, 상사들의 눈치가 보여 과감한 결정을 내렸다고 했다. 나는 이 고객에게 보란 듯이 더 빠른 개선을 이루자며 세심하게 안내했고, 결국 건강한 피부를 되찾는 기쁨을 함께 나눴다.

반면 따뜻한 배려를 보여준 회사들도 있었다. 열감으로 고생하는 고객을 위해 겨울에도 에어컨이 있는 회의실을 단독으로 쓰게 해준 곳, 피부 개선을 위해 자택 근무를 허락해준 곳도 있었다.

10여 년간의 상담 기록에는 우리의 간절함과 진심이 고스란히 담겨 있다. 판매자인 나를 배려하는 고객들의 마음이 글에

녹아 있었고, 이 진정성은 새 고객들에게도 전해졌다. 이렇게 쌓아온 진솔한 소통과 신뢰는 결국 브랜드의 가장 소중한 자산이 되었다.

이러한 경험들은 나에게 깊은 깨달음을 주었다. 고객과의 신뢰는 시간과 함께 자라나는 것이며, 꾸준한 소통과 진심이 바탕이 되어야 한다는 것을 알았다. 판매가 아닌 진심이 담긴 메시지를 전할 때, 고객들은 더 깊은 신뢰와 유대를 보여주었다.

진심을 담은 글은 어떤 광고보다 강력한 힘을 발휘했다. 2023년 3월 네이버 스토어 오픈 때도 마찬가지였다. 초기에는 기존 고객들의 따뜻한 응원과 후기가 이어졌고, 점차 새로운 고객들의 구매 후기가 쌓여갔다. 특히 5점 후기들은 나의 노력이 고객에게 닿았다는 증거이자 큰 힘이 되어주었다.

감사한 마음을 담아 새로운 고객들의 후기마다 정성스러운 댓글을 달았다. 하나하나 빠짐없이 감사 인사와 제품 설명을 남기는 데 많은 시간이 걸렸지만, 진심을 담은 댓글이 고객들에게 신뢰를 준다는 것을 느낄 수 있었다. 이렇게 쌓인 진심이 제품을 믿고 찾는 고객층으로 이어지고 있다. 진심 어린 소통은 반드시 통한다는 것, 그리고 그것이 브랜드의 가장 소중한 자산이 된다는 것을 깨달았다.

앞으로도 고객들의 후기에 정성스레 답하며, 한 분 한 분께 감사함을 전할 것이다. 진정성을 잃지 않고 서로 이해하며 돕는 길을 찾아갈 것이다. 당장의 성과가 보이지 않아도, 쌓이는 진심은 반드시 빛을 발할 것이라 믿는다.

7

직원을 고객처럼 대우하라

"그곳은 정말 비위생적이었어요. 양심상 더는 일할 수 없겠더라고요."

최근 한 지인이 골프 연습장에서 아르바이트를 그만두었다는 이야기를 들었다. 그녀는 연습장 내 카페에서 근무했는데, 이곳에서는 커피뿐만 아니라 떡볶이 같은 간단한 간식을 함께 판매하고 있었다. 그러나 카페의 위생 상태는 심각했다. 얼음 저장고에는 곰팡이가 피어 있었고, 각종 양념 소스는 뚜껑도 없이 방치되어 있었다. 관리자에게 여러 차례 개선해달라고 요청했지만, 돌아온 것은 무관심뿐이었다. 결국 그녀는 고민 끝에 일을 그만두기로 결심했다.

그녀가 보여준 사진을 보며 설명을 들은 나도 충격을 감추지 못했다. "골프를 시작한 우리 남편에게도 저 연습장은 절대 가지 말라고 해야겠어요."

기업 성장의 열쇠는 직원의 존중

그녀의 이야기를 듣고, 직원 만족도가 고객의 신뢰와 선택에 얼마나 큰 영향을 미치는지 다시금 깨달았다.

간호학과 학생들은 병원, 학교, 어린이집 등에서 실습을 이수해야 하는데, 실습을 마친 학생들의 반응은 극명하게 갈린다. "저 그 병원에 꼭 취업하고 싶어요" 혹은 "절대 그 병원은 가지 마세요"라는 말로 요약된다. 나 역시 학창 시절 병원에서의 실습 경험이 진로를 결정하는 데 중요한 영향을 미쳤다. 국내 최대 규모의 병원에서 실습하며 느꼈던 전문성과 직원들의 친절함은 내게 큰 영감을 주었고, 결국 그 병원에 지원해 취업까지 하게 되었다.

2000년대 초반, 대학 조교로 근무하던 시절이었다. 보육교사 자격증을 취득하기 위해 어린이집 실습을 다녀온 한 여학생이 나에게 이렇게 말했다.

"선생님, 저는 나중에 아이를 낳아도 어린이집에 보내지 않고 제가 직접 키울 거예요."

"왜?"

"말 못 하는 아기라고 선생님들이 막 구박해요. 여자아이 머리를 묶으면서 거칠게 잡아당기던 선생님이 부모님 앞에선 완전히 다른 모습이에요. 한부모 가정이나 저소득층 아이들은 노골적인 차별도 받고요."

당시 미혼이었던 나에게도 큰 충격이었다. 이후 학생들에게 실습 후 기관 평가서를 작성하도록 했는데, 해당 어린이집에 대한 평가 결과는 놀라울 정도로 일치했다. 학과 교수 회의를 거쳐 그 어린이집은 실습 기관 명단에서 제외되었고, 이 사실을 통보받은 원장은 학생들의 평가서를 조용히 받아들고 돌아갔다.

"아이를 낳으면 어린이집에 맡기지 않겠다"고 했던 그 학생도 지금쯤은 장성한 아이를 둔 엄마가 되었을 것이다. 직원이나 실습생이 언젠가는 고객이 될 수 있다는 사실을 잊어서는 안 된다.

현재 내가 거주하는 지역의 병원들에는 강사 시절 내가 가르쳤던 간호 조무사 학생들이 근무 중이다. 병원에 대한 정보가 필요할 때, 나는 그들에게 연락해 물어보곤 한다.

"○○병원은 어떤가요?"

그러면 돌아오는 답변은 다양하다.

"원장님이 너무 구두쇠예요. 면봉을 한 쪽만 사용하고 버리면 혼나요. 소독솜도 두 장 이상 쓰면 지적받아요."

"그 병원에서는 알코올 솜을 검은 비닐봉지에 넣고 소독약을 부어 흔들어요. 그리고 그대로 냉장고에 보관하면서 유효기간도 표시하지 않고 그냥 덜어 써요."

"내시경 기계나 각종 흡입기를 대충 소독하는데, 정말 비위생적이에요."

"원장님이 정말 친절하고 훌륭한 전문가세요. 직원들을 배려도 잘해 주시고요. 강력 추천해요!"

이들의 평가는 내게 신뢰할 만한 정보가 되어 병원 선택의 기준이 되고, 나는 이 정보를 다시 지인들과 나눈다.

이런 경험은 "직원이 언제든 냉철한 고객이 될 수 있다"는 사실을 실감하게 한다. 따라서 직원을 대할 때도 고객만큼의 세심한 배려와 존중이 필요하다. 직원은 회사의 중요한 동반자지만, 영원한 동행은 아니다. 그들은 언젠가 회사를 떠나 신뢰하는 고객이 되거나 냉정한 평가자가 될 수 있다. 이것이 내 사업 철학의 근간이 되었다.

그렇기에 나는 위생과 관리에 더욱 철저히 신경 쓰며, 직원들에게는 고객보다 더 많은 혜택과 배려를 제공하려고 노력한다. 또한, 직원들과의 관계에서도 항상 예의와 전문성을 갖추는 것을 원칙으로 삼고 있다. 기업은 결국 직원들의 태도와 행동으로 평가받고 성장하기 때문이다.

나는 내가 직원들에게 존중과 배려를 제공하는 만큼, 직원들도 고객으로부터 존중받으며 일할 수 있기를 바란다.

'직원을 고객처럼 대우하라'는 원칙의 힘

예전에 이런 일이 있었다. 우리 제품을 이용하던 고객 중 모녀 두 분 모두 제품을 사용하는 경우가 있었는데, 입금 요청 문자를 딸에게 보내려다 실수로 어머니에게 보내고 말았다. 이름을 비슷하게 저장했던 나의 실수였다. 상황을 설명하며 여러 차례 문자와 전화로 사과했지만, 딸 고객은 계속해서 불만을 제기했고 직원에게까지 연락해 화를 내며 지속적으로 항의했다. 결국 나는 그녀의 제품 구매를 제한하기로 결정했다.

한 달쯤 지나 그녀가 다시 연락해 구매가 안 된다며 문의했을 때, 나는 솔직하게 "직원에게 예의를 지키지 않는 고객에게는 판매하지 않는다"고 설명했다. 또한 직원을 함부로 대하는 것이 나에 대한 무례보다 더 불쾌하다고 덧붙였다. 그러자 고객은 진심으로 사과하며 평생 시아로를 사용하고 싶다고 말했다. 사과에는 용기가 필요하다는 것을 알기에 그녀의 진심이 고맙게 느껴져, 나는 구매를 다시 허용했다. 지금까지도 그 고객은 시아로를 꾸준히 애용하며, 건강해진 피부 소식과 감사 인사를 전하고 있으며, 과거의 일에 대해서도 여러 차례 사과했다.

이 사건은 고객과 직원 모두를 존중하고 배려하는 것이 얼마나 중요한지를 새삼 깨닫게 해주었다. 직원은 관리자의 세심한 배려와 존중을 받아야 할 소중한 동반자다.

반대로 나는 직원들에게도 고객을 대할 때 반드시 예의를 갖추어야 한다고 강조한다. 나부터 솔선수범하여, 운송장의 고객 이름을 부를 때도 "OOO 님의 주문을 확인해주세요"라고 존칭을 사용한다. 이러한 나의 태도는 자연스럽게 직원들에게 전달되었고, 그들도 고객을 'OOO 님'이라고 부르고 있다.

나는 작은 호칭 하나에서도 존중과 배려의 마음이 전해질 수 있다고 믿는다. 그리고 이러한 실천은 누가 보든 보지 않든, 작은 일에서부터 시작된다고 생각한다.

또한, 고객이 직원이 될 수도 있다는 사실을 경험한 적이 있다. 어느 날, 내 제품을 구매하기 위해 한 고객이 직접 찾아왔다. 그녀는 전신 화폐상습진을 앓았지만, 시아로 제품을 사용하며 피부 개선을 경험했고, 이후 건강한 아기를 출산한 고객이었다. 제품을 전달받은 그녀는 진심 어린 감사 인사를 전하며 말했다.

"이 좋은 제품을 더 많은 사람에게 알리는 데 도움이 되고 싶어요. 저도 함께 일해보고 싶습니다."

그녀의 제품에 대한 애정과 경험은 다른 고객에게 큰 도움이 될 수 있으리라 판단했고, 나는 함께 일하자는 제안을 흔쾌히 받아들였다.

그 후 몇 년 동안 그녀는 직원으로 일하며 자신의 경험을 바탕으로 진심 어린 상담과 조언으로 비슷한 문제를 겪는 고객들에게 큰 도움을 주었다. 퇴직 후에도 그녀는 꾸준히 제품을 사용하며 자신의 일상을 공유해왔고, 우리는 서로 응원하는 관계를 이어가고 있다. 이처럼 고객이 직원이 되고, 직원이 고객이 될 수 있다는 사례는 기업과 사람 간의 관계가 얼마나 유기적인지 보여준다.

한편, 코로나 시기에 발생했던 중국 마스크 공장에서 아르바이트생이 마스크를 발로 밟으며 포장했던 사건이나 칭다오

맥주 공장에서의 위생 사고는 직원 관리의 중요성을 다시 한 번 일깨웠다. 직원의 행동은 단순한 내부 문제가 아니라, 기업 이미지에 직접적인 영향을 미친다. 나아가, 직원이 고객이 되는 순간, 그들의 경험은 기업의 명성과 신뢰에 직접적인 영향을 미친다. 결국, "직원을 고객처럼 대우하라"는 원칙이야말로 기업의 성공을 좌우하는 핵심이라는 점을 늘 염두에 두며 잊지 않으려 노력한다.

CHAPTER

4

진짜 팬은 마음으로 만든다

1

고객과의 진심 어린 연결: 공감대를 형성하라

라포Rapport는 신뢰와 친밀감을 바탕으로 형성되는 인간관계를 의미한다. 고객과의 라포 형성을 위해 나는 그들의 마음을 깊이 이해하고, 내 경험을 토대로 현실적인 조언을 하려 노력했다.

때로는 명확한 해결책이 없다는 것을 인정하고, 함께 마음을 나누며 최선의 방법을 모색했다. 특히 고객의 이야기에 귀를 기울이고, 감정에 공감하며, 진솔하게 대화하려 했다. 이런 진정성 있는 소통이 쌓이면서 신뢰가 자연스럽게 형성되었고, 서로 깊이 공감하는 유대감이 생겨났다.

다른 사람들의 시선,
어떻게 극복할까?

피부 질환으로 고민하는 분들이 겪는 가장 큰 어려움 중 하나는 주변의 시선이다. 매일 마주하는 상담에서 많은 분이 이런 속마음을 털어놓는다.

"주변 사람들이 아무 말도 안 했으면 좋겠어요. 보는 사람마다 '피부가 왜 이래요? 병원은 갔어요?'라고 물어보네요."

"그럴 때마다 '저도 알고 싶다고요. 병원 안 갔겠어요? 의사도 모른다는데 왜 자꾸 저한테 물으세요. 제가 알면 이러고 있겠어요? 제발 관심 좀 꺼주세요!'라고 말하고 싶어요."

이런 고민을 털어놓는 고객들에게 나는 이렇게 답한다.

"정말 속상하겠어요. 하지만 그분들은 진심 어린 걱정에서 나온 말일 뿐, 의도적으로 상처를 주려는 게 아니에요. 당신의 피부에 대해 깊이 고민하거나 소문을 내려는 것이 아닙니다. 단지 안타까운 마음이 순간적으로 표현된 것뿐이에요."

"우리가 평소에 남 걱정을 그렇게 깊이 하며 살진 않잖아요? 그들도 각자의 삶에 바빠서 당신의 피부에 대해 오래 생각하지 않아요. 너무 신경 쓰지 말고 지금 이 순간, 자신의 치유에 집중해보세요."

우리 화장품은 사용량이 많을수록 피부가 빠르게 개선되기 때문에, 나는 수시로 넉넉하게 바르라고 강조한다. 하지만 직장이나 외부에서는 사람들의 시선 때문에 바르기 어렵다고 하는 경우가 많다. 그럴 때마다 나는 "지금 내 피부가 아픈데, 그런 시선이 큰 상관이 있을까요? 그냥 바르세요"라고 하면서 덧붙여 설명한다. "사람들은 우리 행동에 그리 신경 쓰지 않아요. 시간은 생각보다 빠르게 흐르니, 내 미래를 위해 사람들의 시선을 두려워하지 마세요. 몇 개월 후에는 오히려 건강해진 피부를 부러워하고 궁금해할 거예요."

실제로 내 조언을 따랐던 한 고객은 마트에서 하얗게 로션을 바르며 장을 보는 사진을 보내왔다. 그리고 몇 개월 후, 건강해진 피부로 같은 장소에서 찍은 사진과 함께 감사의 마음을 전했다. 나는 이 경험을 전하며, 남의 시선보다 자신의 피부 회복에 집중하라고 조언한다. 그들은 당신의 피부에 깊은 관심이 없으니, 몇 개월 후의 건강한 피부를 생각하며 필요한 만큼 바르면 된다고 조언한다.

그 이후 직장에서도, 산책을 하면서도 남의 시선을 의식하지 않고 정성스럽게 발라 피부가 빠르게 회복된 분들이 하나둘 늘었다. 나 역시 피부가 너무 아프고 괴로울 때면 공원을 거닐거나 등산할 때, 카페에서 일할 때도 꾸준히 발랐다. 이런 경험이 있었기에 그들에게 이렇게 조언할 수 있었다.

나는 고객의 마음에 깊이 공감하면서도, 한 걸음 떨어져 냉정하게 생각해보자고 말한다. 세상에서 다른 사람을 바꾸는 것은 쉽지 않다. 차라리 나 자신을 바꾸는 것이 더 현명한 선택이다. 그래서 나는 작지만 실천 가능한 마음가짐의 전환에 대해 말한다.

모델 한혜진이 왜 그렇게 운동을 열심히 하냐는 질문에, 많은 일을 겪으며 가장 쉬운 일은 나를 바꾸는 것이고, 가장 어려운 일은 다른 사람을 바꾸는 것임을 깨닫게 되어 자신을 바꾸는 가장 효과적인 방법인 운동을 선택했다고 말하는 것을 본 적이 있다. 나는 이 말에 크게 공감했다. 결국, 내 마음과 행동을 바꾸는 것이 가장 현실적이고 지혜로운 선택이라는 것을 나 역시 느끼고 있었기 때문이다.

길거리에서 하얗게 로션과 크림을 바르고 있는 사람이 있다면, 아마도 시아로 고객일 것이다. 피부가 건강해진 후, 고객들은 타인의 시선에서 벗어나 자신에게 집중하는 것의 소중함을 깨닫게 된다.

이런 경험들을 통해, 나는 사람들의 시선과 반응으로부터 자유로워져 스스로를 변화시키는 것이 더 의미 있다는 점을 자주 이야기한다.

오해와 편견 속에서 스스로를 지키는 법

피부를 위해 최선을 다하지만, 주변에서 관리를 소홀히 한다고 오해받는 것이 두 번째 어려움이다.

병원 치료 대신 자연적인 방법으로 피부를 관리하려는 분들은 종종 어려운 시선을 마주한다. 특히 아이의 피부가 좋지 않을 때, 부모가 병원 치료 대신 다른 방법을 시도하면 아이를 방치하는 것처럼 보이거나 무책임한 엄마로 여겨진다. 나 역시 아이의 피부를 위해 모든 정성을 다했음에도 이런 오해를 받았다.

아토피 피부는 잠시만 긁어도 그간의 정성이 허물어지곤 한다. 주변에서 "어떤 아토피 아이는 이렇게 해서 나았다"며 선의의 조언을 해주기도 하지만, 때로는 아이의 피부를 의심스러운 눈길로 바라보며 나의 양육 방식을 비판하기도 했다.

아이가 유치원에 다닐 때였다. 보습제를 정성껏 발라주고 음식과 환경 관리로 겨우 안정을 찾은 피부가, 하루는 아이가 먹은 과자 한 봉지로 무너져버렸다. 과자를 먹고 간지러워진 아이가 피부를 벅벅 긁어버린 것이다. 답답한 마음에 동네 피부과를 찾아가 스테로이드가 아닌 다른 치료법이 없는지 물었더니, 의사는 나를 이상하다는 듯 바라보며 "친엄마 맞으세요? 아이 피부가 이렇게 됐는데 스테로이드를 안 쓰시겠다고요?"라며 못마땅한 눈길을 보냈다. 나는 "스테로이드를 쓰면 잠시 나아졌다가 다음 날 더 심해져서 안 쓰는 것입니다"라고 말하고 아이와 함께 나왔다. 그들에게 나는 무지하고 무책임한 엄마로 비쳤을 것이다. 그날 저녁 아이를 바라보며 속으로 눈물을 삼켰다.

이런 경험을 나누는 것은 아토피와 피부 질환으로 고통받는 분들께 희망의 메시지를 전하기 위해서다. 지금의 어려움은 반드시 지나갈 것이며, 당신은 결코 혼자가 아니라는 것을 알아주셨으면 한다.

피부 질환으로 힘겨워하는 분들이 주변의 오해와 편견 때문에 자신의 노력을 헛된 것으로 생각하지 않기를 바란다. 그들이 선택한 관리 방법과 꾸준한 노력은 충분히 가치 있으며, 그것이 마땅히 인정받아야 한다는 점을 전하고 싶다.

"당신의 잘못이 아닙니다"

세 번째로는 피부 질환을 가진 분들이 자주 느끼는 깊은 죄의식이다.

“내가 무슨 잘못을 했길래 이런 일이 생겼을까?” 특히 피부 질환이 있는 자녀를 둔 부모들은 자신을 자책하며 무거운 죄책감을 안고 산다.

나 역시 아이의 아토피 초기에는 의학적 원인을 찾아 헤맸다. 아토피와 같은 알레르기 질환은 호산구(알레르기 반응이 일어날 때 증가하는 면역 세포)나 IGE 항체(알레르기 반응을 일으키는 대표적인 면역 단백질) 수치가 높아 민감한 피부를 만들고, 이것이 피부 질환이나 비염 등 여러 증상으로 나타난다. 처음에는 이런 의학적 근거를 찾으려 애썼지만, 시간이 흐를수록 지쳐갔고, 결혼 전부터 비염이 있었던 남편을 원망하기도 했다.

하지만 누군가를 탓해봐야 마음이 편치 않았고, 결국 나 자신을 돌아보게 되었다. 임신 중 먹었던 음식이나 약물, 좋지 않았던 습관까지 떠올리며 아이에게 미안한 마음을 키워갔다. 이런 생각이 아이의 회복에 도움 되지 않는다는 것을 알면서도, 죄책감의 굴레에서 벗어나기 힘들었다.

아이와 나의 마음을 돌보기 위해, 초등학교 2학년 때부터 가족 심리 상담을 시작했다. 상담 선생님께 아이에 대한 죄의식을 털어놓자, 선생님은 내 손을 따뜻하게 잡으며 말씀하셨다.

“아이가 아토피인 것은 엄마의 잘못이 아니에요. 그 마음부터 내려놓으세요."

그 말에 나도 모르게 눈물이 흘렀다. 이 말이 맞든 틀리든, 그 순간 내게는 큰 위로가 되었다. 누군가에게 "네 잘못이 아니야"라는 말을 듣고 싶었던 것 같다. 이 경험이 있었기에, 나도 같은 죄책감으로 힘들어하는 부모들에게 "당신의 잘못이 아니에요"라고 진심을 담아 전할 수 있게 되었다.

피부 질환을 겪으며 얻은 진정한 공감과 이해는 고객과의 신뢰를 쌓는 데 큰 힘이 되었다. 마음에서 우러나온 공감은 오랜 유대와 깊은 신뢰로 이어진다.

결국, 고객의 마음을 이해하고 진실 된 경험을 나누는 것이 서로 간의 믿음을 키우는 핵심이라는 점을 꼭 전하고 싶다.

2

화려함보다 진정성: 힘 빼고 다가가라

어느 날 남편이 웃으며 말했다. "업체 기사분이 당신을 직원으로 착각했대. 보통 여사장님들은 까다롭게 대하는데, 당신은 너무 편하게 대해줘서 정말 사장님이 맞나 궁금했대." 나는 미소로 답했다. "그럴 필요가 없잖아. 죽고 사는 문제가 아니라면 다 작은 일이라고 생각해."

이는 작년 화장품 제조 기계를 설치할 때 있었던 일이다. 기계 설치 중 여러 번 문제가 생겨 일정이 늦어지면서 업체 직원들이 자주 찾아왔다. 담당자는 내가 사장이라는 것을 짐작했지만, 확신이 없어 남편에게 물어본 모양이다. 설치 과정에서 잦은 기계 고장으로 불편했지만, 나는 그분들을 늘 정중하고 편안하게 대했다. 그런 모습이 담당자에게 인상 깊게 남았던 것 같다.

나는 예의가 없거나 생사가 걸린 문제가 아니라면, 대부분의 일을 크게 문제 삼지 않는다. 기계 설치가 계속 지연되었지만 정중히 대하니, 상대방도 고마워하며 더 열심히 해주었다. 이런 경험이 쌓일수록 작은 일에 마음 쓰지 않으려는 내 태도가 더욱 단단해졌다. 이렇게 되기까지는 시간이 필요했지만, 작은 일에 얽매이지 않고 살면 마음이 한결 가벼워진다는 것을 알게 되었다.

고객의 마음에 다가서는 방법

화장품 일을 하면서 고객과 상담할 때도, 나는 늘 예의와 배려를 첫 자리에 두었다. 고객의 상태에 따라 자연스레 말투와 태도가 바뀌었고, 그러다 보니 나도 모르게 여러 모습을 보이곤 했다. 그래서 어떤 분은 나를 따스한 엄마 같다 하고, 또 어떤 분은 사려 깊은 이모나 편한 친구, 때로는 잔소리하는 언니나 엄격한 선생님 같다고도 했다. 이런 모습은 의도한 것이 아닌, 고객의 상황과 필요에 맞춰 자연스레 나타난 것이었다.

이렇게 다양한 역할을 하게 된 것은, 단순히 제품을 파는 것이 아니라 고객의 피부 고민과 마음을 깊이 이해하고 싶었기 때문일 것이다.

사람들을 편안하게 대하는 성격은 어린 시절 경험에서 비롯되었다. 전교생 300명 정도인 시골 초등학교에서 자라며, 모든 행사에 참여해야 했던 환경이 자연스럽게 사회성을 길러주었다. 초등학교 3학년 때 동화 구연 대회를 앞두고 발표가 두려워 아버지께 도움을 청했다. 아버지는 "그날 거기 있는 사람들을 전부 돼지라고 생각해. 너 돼지들 앞에서 떨려?"라고 하셨다. 당시 집에서 돼지를 키웠기에, 실제로 돼지들 앞에서 연습하며 용기를 얻었다. 그 후 고학년 웅변대회에서도 매년 상을 받았고, 이런 경험들이 사람들과 자연스럽게 소통하는 방법을 알려주었다.

고객과 상담할 때 나는 단순한 제품 설명에 그치지 않고, 피부 질환의 원인과 증상, 회복 과정과 이유, 그리고 건강한 피부를 위한 생활 습관까지 세세히 안내한다. 주위에서는 상담이 너무 길고 세세하다고 하지만, 이것은 고객에게 조금이라도 더 도움이 되고 싶다는 마음에서 비롯된 것이다. 이러한 깊이 있는 상담을 통해 피부가 나아진 고객들과는 이제 피부 이야기를 넘어 아이들 교육, 가족 고민, 때로는 연애 상담까지 나누는 사이가 되었다. 그렇게 단순한 고객과 판매자의 관계를 넘어 마음을 나누는 이웃이 되어갔다.

내 태도에는 신앙심도 큰 영향을 미쳤다. 둘째 아이 친구 아빠의 목사 안수식에 초대받았을 때, 나는 천주교 신자였지만 열린 마음으로 참석해 진심 어린 축하를 전했다. 그때는 마침 내 보습제가 입소문을 타기 시작할 무렵이었다. 행사 후 나를 소개받은 한 어르신이 "정말 귀한 일을 하시네요. 우리 손자도 아토피로 힘든데 한번 써보게 하고 싶어요"라고 하셨다.

얼마 뒤, 아이의 피부가 좋아졌다는 소식과 함께 "이건 주님의 큰 은총이자 자매님의 십자가일 거예요. 앞으로도 하느님의 뜻을 기억하며 어려움을 이겨내세요"라는 말씀을 해주셨다. 그때 나는 자부심과 동시에 깊은 겸손을 배웠다. 그분의 '십자가'라는 표현은 내게 늘 겸손하게 살아가야 한다는 귀중한 메시지가 되었다.

피부 상담을 통해 만난 수많은 분들은 내 삶의 태도를 변화시켰다. 심각한 피부 질환으로 힘들면서도 밝고 긍정적인 마음을 잃지 않는 분들을 보며 진정한 긍정을 배웠다. 또 작은 도움에도 두세 배로 보답하려 하는 고객들을 만나며 나누는 기쁨을 알게 되었고, 사람과의 인연을 더욱 소중히 여기게 되었다.

엄살 뺀 후기의 숨은 공신들

'익은 벼일수록 고개를 숙인다'라는 말을 몸소 보여준 분들을 주변에서 많이 만났다. 그들은 자신을 드러내려 하지 않고, 늘 조용히 뒤에서 묵묵히 헌신하는 분들이었다. 자신의 기여가 얼마나 큰지 알면서도, 스스로를 내세우지 않고 그저 자기 자리에서 최선을 다할 뿐이었다.

특히 고마운 고객들이 떠오른다. 시아로로 피부가 좋아진 기쁨을 주변과 나누면서도, 정작 본인은 별일 아니라며 겸손해하는 분들이 많았다. 그들이야말로 조용히 자리를 지키며 가장 큰 힘이 되어주었다. 이런 분들의 따뜻한 마음이 없었다면 오늘의 시아로도 없었을 것이다.

한번은 감사한 마음으로 고객들에게 선물을 드리고 싶어 후기 이벤트를 열었다. 개선된 피부 사진 3장 이상과 함께 후기를 올려주시면 사은품을 드리겠다고 했다. 그런데 의외로 평소 열심히 후기를 남겨주시던 분들이 오히려 잠잠하거나, 조건에 맞지 않게 사진 두 장만 올리는 일이 있었다.

조건에 맞지 않은 후기를 쓰신 분들께도 사은품을 보내며 이유를 물었다. 그분들은 피부가 좋아진 것이 너무 감사해서 순수한 마음으로 후기를 남겼지만, 사은품을 받는 게 부담스러워 일부러 조건을 맞추지 않거나 이벤트가 끝난 뒤 올리려 했다고 했다. 이 경험을 통해 고객들이 얼마나 순수하고 진정성 있는 마음으로 나를 대했는지 깊이 느낄 수 있었다. 그 마음에 감동하면서도 "제발 그러지 마시고 도와주세요"라고 웃으며 부탁드렸다. 그분들의 아름다운 마음 덕분에 나도 더욱 겸손한 자세로 고객들을 대해야겠다고 다짐했다. 이들에게서 진정한 성숙함과 겸손을 배웠다. 자신이 하는 일이 크든 작든 과시하지 않고 묵묵히 걸어가는 분들께 깊은 존경심을 느낀다.

시아로를 통해 수많은 분과 대화하며 "사람 위에 사람 없고, 사람 아래 사람 없다"는 진리를 매일 깨닫는다. 그래서 늘 고객 입장에서 생각하며 진정한 동반자가 되고자 한다. 누구를 만나든 존중하며 정중하게 대하려 노력한다. 이렇게 여러 모습으로 배운 것이 내가 폼 잡지 않고 고객을 편안하게 대할 수 있는 바탕이 되었고, 결국 천여 명의 '찐팬'을 얻을 수 있었던 원동력이 되었다고 생각한다.

3

희망을 잃지 않는 긍정이 모든 걸 바꾼다

직장인들이 때로는 사표를 던지고 싶어 하듯, 나 역시 그런 순간이 많았다. 내 일은 큰 보람을 주지만, 그 과정은 때로 지옥과도 같았다.

심각한 피부 질환으로 고통받는 이들을 매일 마주하고 상담하는 것은 결코 쉽지 않은 일이다. 특히 스테로이드와 항생제를 사용했던 고객들이 탈 스테로이드 증상이나 약물 부작용으로 점점 악화되는 시기에는, 그들의 괴로움이 고스란히 전해져 온다. 그들이 피부 문제에서 벗어나길 바라며 최선을 다하지만, 감정적으로 너무 힘들어 마치 함께 지옥을 걷는 기분이 든다.

고객들이 피부 고통으로 불안해하고 아파하는 것을 지켜볼 때면, 처음에는 가벼워 보였던 피부 문제도 호전 과정에서 더 깊은 증상들이 드러나곤 했다. 그럴 때면 고객들은 "시아로를 사용해서 더 악화되는 것은 아닌가"라며 불안해했다. 비록 이 모든 과정을 사전에 설명하고 고객이 직접 선택했음에도, 그들의 고통을 지켜보며 내가 이 길로 이끈 것은 아닌지 자책감이 들곤 했다.

나는 피부로 고통받는 그들을 돕고 싶었고, 내 제품이 어디까지 효과가 있는지 확인하고 싶은 마음도 있었다. 지푸라기라도 잡는 심정으로 찾아온 그들에게 나마저 자신 없어 하면 마지막 희망까지 무너질까 걱정됐다.

피부 문제를 바라보는 새로운 관점

수십 명의 고객을 동시에 지켜보는 나날은 마치 롤러코스터를 타는 것 같았다. 어떤 고객은 회복되어 기뻐하고, 어떤 고객은 더 악화되어 괴로워했다. 오랜 시간을 견딘 고객들은 감사의 말을 전했지만, 참지 못한 고객들은 원망을 쏟아냈다.

시아로를 운영하면서 수많은 질문을 동시에 받다 보니, 그 때마다 빠르게 응답해야 한다는 강박이 자리잡았다. 실시간으로 응대하다 보니 상담이 쉼 없이 이어졌고, 고객들의 만족도는 높아졌지만 나의 부담은 더욱 커져갔다. 결국 고객들에게 상담 댓글 지정 시간을 공지하고 양해를 구했다. 업무 시간 외에는 최대한 홈페이지에 접속하지 않으려 했지만, 그런 시간에도 머릿속은 고객들의 질문으로 가득했다. 그렇게 나는 다시 홈페이지를 수시로 열어보며, 내가 정한 규칙을 스스로 무너뜨리곤 했다.

이런 상황에서 나는 판매 대상을 피부 질환자가 아닌 일반인으로 전환하고 싶었다. 피부 질환자를 받지 않겠다고 공지도 했다. 하지만 모든 고객의 피부 상태를 일일이 확인하는 것은 현실적으로 불가능했다. 결국 자포자기한 심정으로 다시 확인 없이 판매를 시작할 수밖에 없었다.

전화 상담을 하다 보면, 고객들은 불안한 마음에 같은 질문을 반복한다. 가장 많이 듣는 질문은 "정말 나을 수 있을까요?"이다. 나 역시 한 사람으로서, 제품에 대한 확신이 있어도 각자의 회복 과정이 다르기에 걱정될 때가 있다. 그래서 "열심히 바른 분들은 모두 좋은 결과를 얻으셨으니, 함께 지켜보아요"라고 말한다. 그러면 고객들은 "정말 나을 수 있는 거죠?"라며 다시 묻고, 나는 "힘들어도 긍정적인 마음으로 희망을 가지면 반드시 좋아집니다"라고 답한다. 그제야 고객들은 "시아로 님이 그렇게 말씀해주시니 정말 나을 것 같은 믿음이 생겨요"라며 안도하며 전화를 끊는다.

인내의 시간을 보낸 고객들은 대부분 건강한 피부를 되찾았다는 기쁜 소식과 함께 "사랑합니다", "감사합니다", "복 받으세요"라는 따뜻한 마음을 전해온다. 이 한마디를 듣기까지 힘든 순간이 많았지만, 그 말에 모든 어려움이 씻겨 내린다. 마치 천국 문에 도착한 것처럼 깊은 안도감과 성취감이 밀려온다. 이 일은 고객들과 함께 어둠 속에서 빛을 찾아가는 동행이다.

고객들의 회복 과정을 지켜보며 나는 긍정적인 마음이 지닌 놀라운 힘을 다시 한번 마주한다.

피부 환자들이 내 제품을 사용한 뒤 보이는 초반 반응은 크게 두 가지로 나뉜다. 처음부터 드라마틱한 변화를 보이며 높은 만족도를 보이는 경우와, 반대로 사용 전보다 증상이 심해지는 경우다.

드라마틱한 변화를 경험한 고객들은 제품의 효과에 감탄하며 어떻게 이런 제품을 만들었는지 놀라워한다. 한편 증상이 심해진 고객 중 일부는 이를 명현 현상으로 받아들이며 신비로운 경험이라고 표현하기도 했다. 흥미로운 점은 이런 고객들이 결국 그들의 믿음대로 피부 질환을 극복해냈다는 것이다.

이러한 경험들을 통해 나는 긍정적인 마음가짐과 믿음이 변화와 치유를 이끄는 데 얼마나 중요한지 다시금 깨닫게 되었다. 대부분의 고객이 이 과정을 긍정적으로 받아들일 수 있었던 것은 앞서 비슷한 어려움을 겪고 호전된 사례들을 보았기 때문이다.

나는 고객들에게 처음에는 빠르게 좋아질 수도 있지만, 반대로 증상이 심해질 수도 있음을 강조한다. 그리고 오르락내리락하는 과정에 일희일비하지 말고 긍정적인 마음으로 사용하도록 조언하며, 더 심해졌다가 호전된 사례들을 보여준다. 긍정적 믿음이 얼마나 중요한지를 알기 때문이다.

또, 세상의 모든 것은 상대적이어서, 더 힘든 상황과 비교하면 고통 속에서도 희망을 발견할 수 있다. 나는 상담할 때 현실을 있는 그대로 전하되, 그 안에서 반드시 긍정적인 면을 찾으려 애쓴다.

호전 기간을 묻는 이들에게는 "피부 상태와 관리에 따라 다르지만, 가벼운 경우 2~3주면 좋아지고, 심한 경우는 보통 6~8개월, 때로는 1~2년까지 걸릴 수 있어요"라고 설명한다.

특히 10~20년간 피부 질환으로 고통받은 분들이 치료 기간이 생각보다 긴 것을 걱정할 때면, "수십 년간 해결되지 않던 문제가 1년 만에 나아진다면, 지난 시간의 10분의 1도 안 되는 짧은 시간"이라고 말해준다. 그제야 그들은 새로운 관점으로 시간을 바라보며 희망을 품는다.

피부 질환 치료에서 식단 관리는 필수다. 고기, 유제품 같은 단백질은 줄이고 물, 채소, 유산균, 비타민 C를 충분히 섭취하라고 하면 대부분 힘들어한다. 그럴 때면 나는 "물조차 마음껏 마시지 못하는 신부전 환자들을 생각해보세요. 우리는 그나마 물과 채소를 자유롭게 먹을 수 있잖아요"라고 이야기한다. 그러면 비로소 마음을 열고 식단 조절을 받아들인다.

음식을 제한해야 하는 고통은 겪어본 사람만 안다. 특히 맛있는 음식이 넘쳐나는 요즘 시대에 식단을 엄격하게 절제해야 한다는 것은 더욱 큰 시련이다. 그래도 "언젠가는 회복될 수 있다"는 희망이 있다는 것만으로도 작은 위안이 된다.

내 친정어머니는 만성 신부전증으로 10여 년간 투석을 받으시며 평생 엄격한 식단 관리를 하셔야 했다. 어린 나는 그런 어머니의 처지를 잘 몰랐다. 초등학교 시절, 맛있는 음식을 엄마에게 드리면 "엄마는 배불러, 네가 먹어라" 하시곤 했다. 나는 그저 엄마가 나를 위해 양보하시는 거짓말이라 여기며 "저도 배불러요, 엄마가 드세요"하고 재차 권했다. 엄마는 내 마음을 받아주시려 몇 점 드셨지만, 중학생이 되어서야 알게 됐다. 그 시절 엄마는 대부분의 음식을 아예 드실 수 없는 상황이었다. 신장 질환으로 인해 거의 모든 음식을 제한하셔야 했던 것이다.

그때부터 나는 하교 후 시장에 들러 엄마가 드실 수 있는 나물을 사 드리곤 했다. 하지만 소금마저 금지된 음식은 늘 맹맛이었다. 수분 조절 때문에 물은 물론 과일조차 제한되어, 직접 기른 사과와 수박도 마음껏 드시지 못했다. 조금만 드셔도 다음 날이면 얼굴과 다리가 퉁퉁 부어올라 숨쉬기조차 힘겨워하셨다. 그렇게 고통스러워하시는 어머니를 바라보는 일은 내 가슴을 무너지게 했다.

이런 경험들로 인해, 음식 제한이 필요한 피부 질환자들을 상담할 때마다 어린 시절의 기억이 스며들어 가슴이 묵직해진다. 하지만 나는 그들에게 언젠가는 자유롭게 먹을 수 있다는 희망을 전하며, 지금의 상황에서도 감사할 것이 있음을 깨닫도록 돕는다. 모든 것은 비교의 눈으로 보면, 조금 더 쉽게 받아들이고 감사할 수 있기 때문이다.

피부 고통이 너무 심해 삶을 포기하고 싶다는 고객들에게, 나는 신중하게 말기 암 환자들의 이야기를 들려준다. 피부 질환은 치유될 수 있다는 희망이 있음을 일깨우고, 그 시간을 함께 이겨내자고 손을 잡는다.

희망이 있다는 사실만으로도 행복하다

결혼 후 나는 시누이들과 각별한 관계를 이어갔다. 친언니처럼 나를 아끼고 챙겨주던 고마운 사람들이었다. 그중에서도 둘째 시누이는 유독 나를 아꼈다. 만날 때마다 그녀는 늘 이렇게 말했다.

"나는 시원이 엄마를 보면 왜 이렇게 마음이 따뜻해지는지 몰라. 그냥 보기만 해도 좋고 참 고마워."

그 말은 어떤 찬사보다도 깊은 감동으로 다가왔다. 그래서일까. 나를 진심으로 아껴주는 그녀가 나는 참 특별했다.

그러던 어느 날, 그녀가 폐로 전이된 말기 식도암 진단을 받았다는 소식이 들려왔다. 가슴이 무너져 내렸다. 한 번이라도 더 정성껏 대접하고 싶은 마음에, 도시 외곽의 식당을 예약해 그녀를 모시고 갔다. 식당 앞 산을 올려다보며 그녀가 내게 말을 건넸다.

"참 예쁘네. 이제야 이렇게 아름다운 세상이 보이다니…. 그동안 왜 이런 풍경을 미처 보지 못했을까?"

그녀는 쓸쓸한 미소를 짓고 나를 바라보며 말했다.

"나, 정말 살고 싶어."

그 순간, 어떤 말도 건넬 수 없었다. 그 어떤 위로의 말도 무색할 것 같았다. 그저 조용히 안아줄 수밖에 없었다.

지금도 그날의 그 애틋한 미소와 삶을 향한 간절한 바람이 선명하다. 죽음을 마주한 그녀의 눈빛은 내게 삶의 진정한 가치를 깨우쳐 주었다. 그 경험은 내 영혼 깊숙이 새겨져, 앞에 놓인 어떤 시련도 긍정적으로 바라보게 했다. 이것이 수십 번 포기하고 싶었지만 견뎌낸 힘이었다. 그렇게 수많은 고객의 피부를 치유하며 오랫동안 신뢰받는 브랜드로 성장할 수 있었다.

희망이 있다는 사실만으로도 우리는 행복할 수 있다. 그 희망이 가슴 속에서 단단해질 때, 어떤 고난도 이겨낼 수 있다는 믿음이 생긴다. 포기하지 말고 끝까지 나아가기를 바란다. 당신도 반드시 희망으로 삶을 다시 빛나게 할 수 있을 것이다.

4

감사와 배려로 이어가는 소중한 인연

부모들은 자녀에게 늘 좋은 친구를 사귀라고 당부한다. 어릴수록 주변 환경의 영향력이 크기 때문이다. 나 또한 좋은 사람들과의 인연이 삶의 질을 높인다고 믿는다. 누구와 시간을 보내고 어떤 대화를 나누는지는 하루의 감정뿐 아니라 인생의 방향까지 바꿀 수 있다. 나는 타인의 감정과 생각에 깊이 영향받는 성격이라, 긍정적이고 따뜻한 사람들과 가까이 지내려 노력했다. 동시에 나 역시 다른 이들에게 좋은 기운을 전하는 사람이 되고자 했다.

대학 조교 시절, 병원 실습을 마친 간호학생들과 신규 간호사들은 종종 "선배 간호사들이 너무 엄격해서 분위기가 무서

워요"라고 토로했다. 그럴 때면 "생명을 다루는 직업이다 보니 실수를 줄이려는 마음이겠지. 네가 선배가 되었을 때는 이 순간을 기억하고 후배들에게 따뜻하게 대해주면 좋겠다"고 위로했다.

나 역시 신규 간호사 시절, 작은 실수는 크게 질책받으면서도 잘한 일은 당연한 것으로 여겨졌다. 그 엄격한 분위기는 내 자신감을 갉아먹었다. 하지만 대학 조교 생활은 달랐다. 일을 마칠 때마다 교수님들이 건네는 "고맙다, 감사하다" 한마디가 내게 큰 성취감과 자부심을 심어주었다. 그때의 경험은 작은 인정과 감사의 말 한마디가 얼마나 큰 힘이 되는지 깨닫게 해주었다. 자연스레 나도 "감사합니다"라는 말을 자주 하게 되었다.

감사로 이어지는 따뜻한 순간들

감사 표현에는 사람을 밝게 변화시키고 관계를 따듯하게 만드는 마법 같은 힘이 있다. 누군가 행복한 부부 관계의 비결을 물을 때면, 나는 "고맙다는 표현을 자주 해요"라고 한다.

몇 년 전 남편의 회사 모임에서 한 동료의 아내가 결혼을 결심한 계기를 들려주었다. 처음에는 결혼할 생각이 없었지만,

예비 시부모님의 깊은 배려에 감동받아 결혼을 택했다고 했다. 그녀가 시부모님의 따뜻한 마음을 하나하나 나열하며 감사해하는 모습이 인상적이었다. 그녀의 긍정적인 태도와 감사하는 마음이 대화를 즐겁게 만들었고, 내 마음까지 따뜻해졌다. 그 후로 나도 자연스레 시댁 가족들의 좋은 점을 이야기하게 되었다. 이렇게 우리는 서로 좋은 영향을 주고받으며 성장한다.

대학원 시절, 이른 아침 수업이 있는 날이면 아이들을 등교시키느라 늘 아침을 거르곤 했다. 그러던 어느 날, 함께 수업을 듣던 동기가 커피를 건넸다. 공복이라 마실 수 없다고 했더니, 다음 날엔 특별히 샌드위치를 가져와 건넸다. 그 따스한 배려에 감동받아 나도 다음 수업에 김밥과 빵을 준비해 동기들과 나누었다. 이렇게 배려심 깊고 따뜻한 이들과의 만남은 내 삶을 더 밝게 했다. 그런 고마운 인연들은 내게 큰 축복이자 행복이었다.

사업을 하다 보면 참 다양한 사람들을 만난다. 고객들도 저마다 개성이 달라서, 누구를 만나느냐에 따라 하루의 색깔이 바뀐다. 긍정적이고 밝은 에너지의 고객을 만나면 하루가 환해지지만, 부정적이고 우울한 기운의 고객과 대화하면 그 무게로 종일 마음이 무거워지기도 한다.

피부 개선 과정에서도 고객들의 반응은 천차만별이다. 작은 변화에도 기뻐하며 희망을 보는 이가 있는가 하면, 남은 문제만 보며 불안과 불만을 토로하는 이도 있다. 부정적인 면에 매몰된 고객에게 호전된 부분을 짚어주면, 그제야 개선된 점을 알아차린다. 놀라운 것은 긍정적인 마음가짐을 가진 고객들이 그렇지 않은 이들보다 더 빠른 회복세를 보인다는 점이다. 이런 차이를 지켜보며 긍정적 마음가짐이 가진 놀라운 치유의 힘을 실감하게 된다.

이런 깨달음으로 나는 가족들과 대화할 때도 부정적인 이야기보다 긍정적인 경험을 나누려 한다. 수많은 경험을 통해, 단순히 안 좋은 일을 전하는 것보다 배울 점이 많은 사례를 아이들과 나누는 것이 훨씬 더 값진 영향을 준다는 걸 깨달았다.

나는 모든 관계에서 감사하는 마음이 기본이 될 때 그 인연이 더욱 빛난다고 믿는다.

배달 음식을 시킬 때면, 나 대신 요리를 만든 셰프와 이를 전달해준 기사님께 감사한 마음이 든다. 그들이 내 시간과 수고를 덜어주기 때문이다. 우리 제품의 원료를 공급하는 업체들에게도 깊이 감사하다. 그들이 있어 내가 원하는 제품을 만들 수 있으니까. 용기를 만들어주는 업체도 마찬가지다. 모든 거래처와의 관계에서 이런 감사한 마음으로 임하기에, 그에 합당한 비용을 지불하는 것은 너무나 당연한 일이다.

우리 제품을 찾는 고객들은 종종 "이렇게 좋은 제품을 만들어주셔서 감사합니다"라고 말씀하신다. 나 역시 "저희 제품을 믿고 써주셔서 감사합니다"라고 진심을 담아 답한다. 그들이 있어 내 제품이 의미를 가지고, 그들 또한 제품으로 피부 개선과 편리함을 얻으니 서로가 감사한 일이다. 이런 교감은 늘 가슴 따뜻한 기쁨을 준다.

가끔 "내가 물건을 팔아준다"는 태도를 보이는 분들이 있다. 그럴 땐 솔직히 '굳이 사주지 않아도 괜찮습니다. 감사할 줄 아는 분들께 판매하는 것으로 충분합니다'라는 마음이 든다.

다행히도 많은 고객이 "시아로를 만난 것이 행운"이라고 말씀해주신다. 그럴 때마다 오히려 내가 "이런 고객을 만난 것이 진정한 행운이구나"라고 느끼는 순간이 더 많다. 특히 피부가 좋아진 후 건강해진 일상을 전해주시고, 기꺼이 개선된 모습을 공개해주시는 분들께는 더욱 깊은 감사함을 느낀다. 그분들이 사진을 고르고 후기를 쓰는 데 들인 시간과 정성이 얼마나 값진지 알기에, 고마움과 함께 미안한 마음도 든다. 얼굴을 공개해주시는 분들을 뵐 때면, 그 결정에 얼마나 큰 용기가 필요했을지 알기에 더욱 뭉클하다. 이런 고객들의 배려와 신뢰를 느끼며 더 진심을 다해야겠다는 마음을 다진다.

저마다의 방식으로 전하는 따뜻한 마음

고객들은 각자의 방식으로 마음을 표현한다. 어떤 이들은 피부가 나빠질 때만 연락하고, 또 어떤 이들은 힘든 시기를 묵묵히 견디다가 호전된 후에야 소식을 전한다. 이유를 물으면 "걱정 끼치기 싫어서", "바쁘실 텐데 부담드릴까 봐"라는 답이 돌아온다. FAQ를 꼼꼼히 읽고 알아서 관리하는 고객들도 많다. 그들은 내 진심을 알기에 저마다의 방식으로 감사와 배려를 보여준다.

작은 변화에도 진심 어린 감사를 전하고, 제품 사용 경험을 자랑스레 나누는 따뜻한 고객들. 매번 제품을 받을 때마다 선물 받듯 기뻐하고, 개선된 피부로 감사의 마음을 전하는 고객들 덕분에 혼자서 수많은 고객을 상대하는 과정에서 겪는 외로움이 한결 가벼워진다.

우리 사이에는 단순한 거래를 넘어선 특별한 에너지가 흐른다. 이런 경험들이 내게 행복을 주고, 사업을 이어갈 힘이 된다. 더 나아가 이 긍정 에너지를 다른 고객들에게도 전하고 싶다는 마음으로 임한다.

이런 고객들에게서 주문이 들어오면 자연스레 무언가를 더

챙겨주고 싶어진다. 그들에겐 어떤 것도 아깝지 않고, 내가 줄 수 있는 게 있다는 사실만으로도 큰 기쁨을 느낀다.

서로에게 좋은 영향을 주고받으며 만들어가는 이 여정은 내게 소중한 경험이며 깊은 깨달음으로 남는다. 감사와 배려를 아는 고객들과 함께할 때, 또 그들의 따뜻한 응원 덕분에 이 길을 계속 걸어갈 용기를 얻는다. 이들과 함께하며 내 사업과 삶이 더욱 풍요로워졌음을 느낀다. 이처럼 감사와 배려는 사람과 사람을 잇는 가장 강한 힘이며, 사업의 성공을 이끄는 핵심임을 다시 한번 깨닫는다.

5

돈보다 값진 신뢰, 내 편이 되어준 고객들

아토피가 심해진 아이를 위해 고민하던 중, 새집증후군이 없는 집으로 이사한 지인의 아이가 증상이 호전되었다는 이야기를 들었다. 그 집에 놀러 갔더니 우리 아이도 덜 긁는 것이 느껴졌다. 그 자리에서 바로 부동산으로 향해 전셋집을 알아보기로 마음먹었다.

우리 집을 전세로 내놓고 추가로 7천만 원이 더 필요했지만, 주택담보대출과 저축금을 합치면 가능할 것 같아 서둘러 계약했다.

전셋집을 계약했다는 뜻밖의 소식에 남편은 놀랐지만, 아이의 고통을 덜어주고 싶은 마음에 내 결정을 이해해주었다. 뒤늦게야 세입자 동의 없이는 주택담보대출이 불가능하다는 사실을 알게 되었다. 정보가 부족해 벌어진 이 해프닝을 친구들에게 웃으며 들려주었는데, 단순히 실수담을 공유했을 뿐인데도 친구들이 먼저 나서서 돈을 빌려주겠다고 했다.

남편들도 동의했냐고 묻자 "응, 흔쾌히 빌려주라더라"는 답이 돌아왔다. 나를 믿느냐는 물음에는 "이 세상에서 널 못 믿으면 누구를 믿겠어?"라는 따뜻한 응답을 받았다. 그 순간의 감동은 아직도 생생하다.

다행히 얼마 지나지 않아 남편이 이직하며 받은 퇴직금으로, 친구들에게 이자를 더해 빚을 갚을 수 있었다. 이 일은 나에게 깊은 감동을 주었고, 믿음과 우정의 가치를 새롭게 일깨워 주었다.

'친인척이나 지인과는 절대 돈거래를 하지 않는다'는 신념으로 살아온 내게, 그날의 경험은 두 가지 깨달음을 주었다. 하나는 친구들에 대한 끝없는 고마움이고, 다른 하나는 '내가 신뢰받을 만한 사람으로 살아왔구나' 하는 뿌듯함이었다. 또한 어려울 때 망설임 없이 손을 내미는 이들이 곁에 있다는 사실이, 내 삶을 더욱 의미 있게 만들었다. 이후로 나는 도움이 필요한 친구들에게 더 적극적으로 다가가게 되었고, 그들과의 관계는 한층 더 깊어졌다.

사업을 운영하며 나는 고객과의 신뢰를 최우선 가치로 삼았다. 고객 수를 늘리는 것보다, 진심으로 나와 제품을 신뢰하는 이들과 깊은 관계를 맺고 싶었다. 그래서 회원제로 운영하며 개개인의 피부 상태를 꼼꼼히 살피고, 진정성 있는 소통으로 신뢰를 쌓는 데 집중했다.

회원제 운영으로 구매 고객의 수는 제한적이었고 수익도 크지 않았다. 그러나 시아로를 믿는 고객들에게 최상의 서비스를 제공하는 데에만 집중했다. 경제적 어려움이나 피부 문제로 제대로 된 관리를 받지 못하는 이들에게는 무료 혜택과 할인을 제공하며 깊은 신뢰를 얻었다.

이러한 접근 덕분에 고객들과의 유대가 깊어졌고, 많은 이들이 피부 개선에 성공하며 큰 보람을 안겨주었다. 나는 이러한 성공 사례들을 다른 고객들과 공유하며, 금식, 효소 치료, 한방 침 치료 등 다양한 방법으로 개선 속도를 높인 고객들의 경험까지 함께 소개했다.

내 제품이 유일한 해결책이라고 내세우기보다는, 고객들과 다양한 관리법을 공유하며 종합적인 접근이 중요하다고 보았다. 이를 통해 단순한 판매를 넘어 진정성 있는 소통과 신뢰로 고객들과 가까워졌다. 그러나 일부 고객들은 회원제 절차가 복잡하다며, 누구나 쉽게 제품을 구매할 수 있게 해달라고 요청했다.

나는 대량 판매보다 고객들의 피부 개선을 최우선으로 삼아왔다. 이를 위해 세심한 상담과 맞춤형 조언을 제공하는 시스템을 고수했다. 이 방식은 고객들의 피부 개선에 효과적이었지만, 늘어나는 구매 요청으로 고민이 깊어졌다.

그동안 수백 명의 공개 사례로 제품의 효과가 입증되었고, 이미 충분한 신뢰가 쌓였다는 확신이 들었다. 결국 회원제를 풀고 누구나 쉽게 구매할 수 있는 시스템으로 전환했다. 이 결정으로 더 많은 이들이 피부 개선을 경험하며 긍정적인 변화를 만들어가게 되었다.

서로의 아픔을 보듬어 희망이 되었다

사업 초기, 한 명씩 상담하며 회원제로 운영하던 때였다. 어느 날 초등학교 2학년 여자아이의 어머니가 연락해왔다. 5년간 스테로이드를 사용하다 약을 끊은 후 전신에 염증이 생긴 상황이었다. 어머니는 약사가 안전하다고 해서 믿었는데, 약국이 폐업하면서 약을 구할 수 없게 되었고, 다른 약사를 통해 그것이 최고 등급의 스테로이드였다는 충격적인 사실을 알게 되었다고 했다. 절망 속에서 도움을 구하며 나를 찾아온 것이었다.

나는 스테로이드의 부작용과 장기 사용 후 나타날 수 있는 탈 스테로이드 증상을 설명하며 상담했다. 어머니는 수시로 아이 상태를 알려주었고, 나는 성심껏 조언했다. 악화된 날엔 함께 울었고, 호전된 날엔 함께 기뻐했다. 6개월간 학교를 쉬며 꾸준히 관리한 끝에, 아이는 깨끗한 피부를 되찾아 새 학기에 복학할 수 있었다. 이 과정을 통해 고객은 나를 절대적으로 신뢰하게 되었다.

그즈음 7년간 간헐적으로 스테로이드를 사용해 온 초등학교 3학년 아이의 어머니가 찾아왔다. 설명을 듣고 제품을 사용하기 시작했지만, 상태가 악화되자 아이 아버지가 항의 전화를 걸어왔다. 내가 스테로이드의 위험성을 강조해 함부로 약을 끊게 했다는 것이었다. 이때 먼저 아이를 호전시킨 어머니가 나서서 자신의 경험과 아이의 변화 과정을 사진으로 보여주며 설득해주었다. 덕분에 아이 아버지는 아토피와 제품에 대해 이해하게 되었다.

이처럼 먼저 호전된 고객들이 불안해하는 다른 고객들에게 자발적으로 연락해 경험을 나누고 용기를 주는 일도 많았다. 자발적으로 경험을 나눠준 고객들은 내게 말했다. "1명도 힘든데 어떻게 저를 포함해 이렇게 많은 사람들과 상담을 해줄 수 있었어요?"라며, 다시금 나의 노고에 고마움을 전했다. 이런 모습을 보며 그간의 노력이 헛되지 않았음을 깨달았다.

진심으로 나를 믿어준 고객들을 보며, 나는 수익보다 더 귀한 신뢰를 얻었다는 데 깊은 감사를 느꼈다. 이런 경험들은 당장의 이익보다 사람과의 신뢰가 얼마나 중요한지를 다시금 일깨워주었다. 때로는 더디고 비효율적으로 보이는 이 방식이 결국 더 큰 가치를 만들어냈다. 사람들의 마음을 얻는 것이야말로 기업의 지속 성장을 이끄는 핵심임을 깨달았다. 오늘의 내가 있기까지 이런 믿음을 지켜왔기에 가능했다고 생각하며, 앞으로도 이 신뢰의 철학을 이어가고자 한다.

6

고객에서 동반자로: 마음을 나누는 관계

어느 날 TV 프로그램 〈라디오스타〉에서 아나운서 이금희 씨의 모습을 보았다. 평소 그녀의 잔잔하면서도 낭랑한 목소리를 좋아해 시청하던 중이었다. 진행자가 "라디오 진행을 오래 해왔는데 힘들지 않느냐?"고 묻자, 그녀는 이렇게 답했다.

"라디오 진행을 통해 사람들과 소통하는 것이 너무 행복해서, 이렇게 행복한 일을 하면서 돈을 벌어도 되는 건가 싶다."

그녀의 말에 깊이 공감했다. 나 역시 피부 질환으로 고통받는 이들에게 내 경험을 나누며, 그들이 귀 기울여 듣는 모습에 하나라도 더 알려주고 싶은 마음이 들었다. 내가 겪었던 어려움과 같은 길을 걷는 그들에게 진정한 도움이 되고 싶었다.

내 제품을 사용하는 고객들은 단순한 소비자가 아닌, 깊은 정을 나누는 소중한 동반자로 자리 잡았다.

이런 관계가 형성된 것은, 내 화장품이 주로 피부 문제로 고통받는 이들에게 사용되었고, 1:1 상담을 통해 한 사람 한 사람에게 진심을 다했기 때문이다. 상담은 짧게는 몇 개월, 길게는 1~2년까지 이어졌고, 그 과정에서 제품 사용법뿐 아니라 마음 속 고충까지 함께 나누었다.

소비자를 넘어 동반자로

그들의 피부가 개선될 때는 큰 보람을 느꼈고, 감사 인사를 받을 때면 진심으로 행복했다. 특히 피부가 건강해진 이들이 내 제품과 나에 대해 칭찬할 때는 마치 영웅이 된 듯한 기분이 들기도 했다. 이런 이유로 고객들과의 소통을 더 즐길 수 있었다.

물론 반복되는 일상과 난관 속에서 매너리즘이나 회의감이 찾아올 때도 있었다. 하지만 피부가 개선된 이들을 보며 다시 힘을 내어 앞으로 나아갔다. 내 진심은 고객들에게 고스란히 전해졌고, 그들 또한 그것을 느낄 수 있었다.

특히 고객들과 지속적인 관계를 이어올 수 있었던 것은 그들의 피부 개선이라는 분명한 목표가 있었기 때문이다. 나의 궁극적인 목표는 일시적인 호전이 아닌, 재발 없이 건강한 피부를 유지할 수 있도록 돕는 것이었다.

"거울을 보는 게 가장 괴로워요"라던 고객이 "거울 보는 게 가장 행복해요"라고 말할 때, 어떤 성취감보다도 큰 보람을 느꼈다. 그래서 나는 고객들과 직접 소통하며 그들의 피부 고민을 듣는 상담 방식을 고수했다.

피부 질환이 있는 고객들은 가려움과 따가움에 시달리며 급히 제품을 요청할 때가 많았다. 그럴 때면 택배 기사님이 출발한 후에도 연락해, 중간에서 직접 제품을 전달하기도 했다. 피부 상태에 맞지 않게 주문한 경우에는 적합한 제품을 추천하고 교환이나 취소를 도왔다. 제품에 문제가 있을 때는 신속히 해결하려 했고, 고객이 만족하지 않으면 손해를 감수하고 새 제품으로 바꿔주었다.

이런 빠르고 정직한 대응, 고객을 최우선으로 여기는 태도는 내가 수익보다 고객의 피부 건강을 더 중요하게 여긴다는 신뢰로 이어졌다. 그들은 제품을 구매하면서도 "이런 제품을 만들어주셔서 정말 감사합니다"라며 진심 어린 마음을 전했다. 이러한 고객들의 믿음과 감사는 내가 화장품 사업을 이어가는 가장 큰 원동력이 되었다.

피부 회복이 만든 따뜻한 인연

피부 질환에서 벗어난 고객들은 더욱 깊은 감사를 표현했다. 그들은 시아로가 오래도록 이어지기를 바라며 자발적으로 제품을 알리기도 했다.

상담 중에는 시아로 제품 사용을 두고 가족들과 갈등을 겪는 이야기를 자주 듣는다. 그럴 때마다 내가 약물 사용을 막아 가족 간 불화를 일으킨 것 같아 마음이 무거웠다. 하지만 그만큼 나를 의지하려는 그들의 마음을 느끼며, 이야기를 경청하고 함께 고민하는 것이 내게 주어진 소명이라 여겼다. 그래서 늘 그들의 마음에 공감하고 위로와 응원을 건넸다.

종종 고객들은 시아로 제품 사용을 두고 가족들과 겪는 갈등을 털어놓았다. 조부모님의 반대로 병원에 다녀왔다는 이야기, 친정어머니와 다투었다는 이야기, 언니들의 손에 이끌려 주사를 맞았다는 이야기를 들을 때면 나의 오지랖이 원망스러우면서도 한편으로는 깊이 공감했다. 하지만 결국 이들은 피부가 개선되었다는 기쁜 소식과 함께 진심 어린 감사를 전해왔다. 그렇게 우리는 깊은 정을 나누게 되었고, 그들은 자발적으로 입소문을 내주고 있다.

경제적으로 어려운 고객들을 위해서는 다양한 크기의 샘플을 만들어 조금이라도 더 나누려 했다. 가능한 한 많은 이들을 돕고 싶은 내 진심이 전해졌는지, 고객들은 나를 단순한 판매자가 아닌 그들의 회복을 진정으로 바라는 사람으로 여겼다. 피부가 나아진 고객들은 각자의 방식으로 따뜻한 마음을 전해주었다.

50대 중반의 한 여성은 3년간 고치지 못한 피부를 6개월 만에 회복했다. 그녀는 디자이너인 딸을 통해 시아로 홈페이지의 제품 상세 페이지를 새롭게 디자인해주었다. 지금도 홈페이지를 볼 때마다 그녀의 따뜻한 마음이 떠오른다.

손 습진으로 오랫동안 스테로이드 치료를 받던 고객은 얼굴과 목까지 번지는 탈 스테로이드 과정을 견뎌내고 건강한 피부를 되찾았다. 그녀는 "얼굴이 더 예뻐졌다"며 고마운 마음을 담아 남편이 운영하는 홍삼 가게에서 정성스레 고른 선물을 보내왔다.

아토피로 어린 시절부터 고생한 20대 친구는 깨끗해진 피부에 고마워하며 부모님이 계신 해남 고구마 한 상자를 보내왔다.

심한 아토피를 앓던 아이의 어머니는 진물로 하루에도 몇 번씩 옷을 갈아입히면서도 포기하지 않고 끝까지 사용해 아이의 피부를 회복시켰다. 7년째 매년 변함없이 소식을 전하며 우리 아이들의 학용품을 사라며 상품권을 보내주고 있다.

얼굴 습진으로 10년간 고생하다 시아로 제품으로 피부가 깨끗해진 한 고객은 드디어 마스크를 벗고 사람들과 함께 식사할 수 있게 되었다며 감사의 마음을 담아 사과 한 상자를 보내왔다.

10년간 반복되던 얼굴의 각질과 습진이 개선된 후, 정기적으로 피부 사진을 보내며 회복 과정을 공유해준 고객도 있다. 그는 비타민 영양제까지 보내며 고마움을 전했고, 지금은 든든한 지지자가 되어주었다.

심각한 전신 아토피를 앓던 아이가 건강해져 감사하다며 우리 가족을 동해 횟집으로 초대한 부부도 있었다. 그 자리에서 나는 사업으로 가족에게 소홀했던 이야기를 나누며 서로의 일상을 공유하게 되었다.

이처럼 많은 고객과의 관계는 피부 상담을 넘어 삶의 이야기를 나누는 사이로 발전했다. 서로의 고민을 듣고 위로하며 진정한 동반자가 되었다. 전에는 내가 그들의 하소연을 들어주며 힘이 되어주었다면, 이제는 그들이 내 어려움을 들어주는 따뜻한 관계로 변화했다.

일상의 감동은 단순히 선물 때문이 아니다. 피부가 나아진 후 전해오는 감사 인사에 담긴 진심이 와닿기 때문이다. 또한 자발적으로 블로그나 커뮤니티에 후기를 남기고 열정적으로 알려준 덕분에 광고 없이도 사업이 성장할 수 있었다. 고객들의 마음이 담긴 감사를 받을 때면 오히려 내가 더 큰 선물을 받은 듯하다. 그들의 피부가 개선되는 과정을 지켜보며 이 일의 가치를 다시 한번 깨닫는다. 이렇게 서로를 성장시키는 소중한 인연들이 있기에, 더욱 깊은 책임감을 가지고 이 길을 걸어가고 있다.

7

진심은 반드시 통한다는 믿음

우리 아이들은 종종 "엄마가 기도해서 사람들이 피부가 좋아지는 거야"라고 장난스럽게 말하곤 한다. 기도가 피부 호전의 직접적인 이유인지는 알 수 없다. 하지만 대부분의 고객이 밤잠을 설칠 만큼 심각한 가려움과 따가움으로 고통받는 모습을 보며, 나 역시 그들의 아픔을 함께 느꼈기에 간절한 마음으로 기도할 수밖에 없었다. 어쩌면 그 진심이 전해져, 기적 같은 순간들이 이어졌는지도 모른다.

고객들을 위한 기도는 늘 해왔지만, 기도판이라는 특별한 방식으로 기도하기 시작한 것은 둘째 아이가 초등학교 3학년 때 성당에서 세례를 받은 후였다. 아이의 세례를 위해 부모도 함께

받았던 6개월간의 교육 과정에서 "기도판을 만들고 간절히 원하는 내용을 기록하면 더 잘 들어주신다"는 말씀이 마음에 깊이 와닿았다. 그날부터 나는 고객 한 분 한 분의 이름을 정성스레 기도판에 적어가며 그들의 피부 호전과 완치를 기원했다.

아이들은 고객들의 피부가 좋아지는 모습을 보며 "엄마 기도가 제품보다 효과 좋은 거 아니야?"라며 웃곤 했다. 실제로 누군가를 위해 간절히 기도하고 나면, 얼마 지나지 않아 피부가 놀랍도록 개선되었다는 소식을 그들에게서 전해 들을 때가 많았다.

간절함이 만든 기적의 순간들

어느 날 한 여성 고객이 다급하게 연락해왔다. 그녀는 고등학교 시절부터 여드름으로 피부과 약을 간헐적으로 사용했는데, 결혼 후 임신으로 약을 끊으면서 피부 상태가 급격히 악화되었다고 했다. 아기 출산 후에도 몇 년간 개선되지 않는 피부로 인해 매일 친정어머니와 부둥켜안고 울었다는 그녀의 얼굴은 고름과 진물로 뒤덮인 주사피부염, 즉 로사세아 상태였다.

처음 겪는 도전이었지만, 그녀의 고통을 함께 이겨내고 싶은 마음이 더 컸다.

“이 질환이 완치될 것이라고 단언할 수는 없지만, 깊은 염증을 가진 다른 피부 질환도 나아졌으니 함께 이겨낼 수 있을 거예요. 저와 함께 해봐요. 대신 정말 많이 발라주세요.”

나의 조언에 따라 그녀는 제품을 꾸준히 사용하며 피부 변화를 세세하게 공유해왔다. 치료 중간에 남편이 권한 한약을 복용해도 되는지 물었을 때, 나는 “한약이든 양약이든 반대하지만, 최종 선택은 고객님의 몫입니다”라고 답했다. 그녀는 깊이 고민한 끝에 시아로 제품만을 믿고 사용하기로 결정했다.

시간이 지나면서 그녀의 피부는 점차 건강을 되찾았고, 결국 기쁜 소식까지 전해왔다. 둘째 아이를 임신한 것이었다. 나는 진심 어린 축하의 마음을 담아 아기 옷을 선물했다. 그리고 얼마 뒤, 그동안 늘 가리고 다녔던 얼굴을 당당하게 드러낸 그녀의 환한 미소가 담긴 사진이 도착했다.

그녀는 한 피부 질환 카페에 자신의 얼굴 사진을 숨김없이 공개하고, 호전되기까지의 경험을 솔직하게 공유하며 시아로에 대한 감사한 마음을 전했다. 이후 비슷한 고민을 가진 사람들이 그녀의 후기를 보고 찾아왔고, 그들 또한 긍정적인 변화를 경험했다.

또 다른 사례는 건선으로 10년째 고통받던 58세의 건설업

종사자였다. 심각한 피부 상태로 인해 몇 개월째 직장에도 나가지 못하고 집에만 계실 때, 그분의 20대 아들이 먼저 상담을 요청해왔다.

피부 질환 카페에서 시아로 제품에 관한 좋은 후기를 본 아들은 아버지께 적극 권유했지만, 대학병원 치료로도 차도가 없었던 아버지는 회의적이었다. 결국 아들의 주선으로 나와 아버지가 직접 통화하게 되었다. 나는 "아드님의 간절한 마음을 보며 제 아이들도 이렇게 따뜻한 마음을 가진 사람으로 자랐으면 하는 바람에 연락드렸습니다"라며 진심을 전했고, 아들의 정성과 믿음을 믿고 한번 시도해보시길 권했다.

그렇게 시작된 치료 과정은 순탄치 않았다. 탈 스테로이드 증상이 심해지며 피부에서 진물이 쏟아지고 눈도 못 뜰 정도의 부종이 나타났다. 식단 조절로 체중이 7킬로그램 넘게 빠졌고, 마당에서 쓰러지기까지 했다. 딸의 결혼식에도 가지 못했다는 소식에 마음이 무거웠지만, 그는 포기하지 않고 끝까지 노력했다. 나 또한 제품 사용법뿐만 아니라 식단 관리, 환경 개선, 스트레스 조절법까지 세심하게 조언했다. 6개월간의 꾸준한 노력 끝에 그는 건강한 피부를 되찾았고, 아들은 이 과정을 시아로 홈페이지에 기록하며 다른 이들에게 희망을 전했다.

또 기억에 남는 사례로 10년 이상 아토피로 고통받던 여고

생이 있었다. 오랜 스테로이드 사용과 호르몬 불균형으로 치료가 쉽지 않았던 그녀는, 꾸준한 관리로 깨끗한 피부를 되찾았지만 생리 주기나 환경 변화, 스트레스가 겹칠 때면 다시 악화되곤 했다. 이 과정에서 나는 끊임없이 공부하며 그녀와 어머니에게 필요한 조언을 아끼지 않았다.

결국 모녀의 믿음과 인내는 안정된 피부로 보답받았다. 아이는 목과 쇄골의 습진이 나아지면서 전에는 가장 숨기고 싶었던 부위가 오히려 가장 자신 있는 곳이 되었다며, 호전 후에도 홈페이지에 소식을 자주 전했다. 그뿐만 아니라 시아로 네이버 스토어 후기에도 자신들의 경험을 상세히 공유했고, 내 블로그에도 피부 개선 과정을 공유하며 같은 고통을 겪는 이들에게 도움이 되기를 바랐다.

"함께라면 이겨낼 수 있어요,
우리 해냈잖아요!"

심각한 피부 문제를 가진 고객들이 개선하기까지, 나는 항상 그들과 함께 긴장된 마음으로 최선을 다했다. 회복 소식을 들을 때면 안도감과 함께 그동안 쌓였던 긴장이 한꺼번에 풀리며 심한 몸살이 찾아오곤 했다. 병원에 갈 정도로 몸이 아플 때도 있었지만, '드디어 해냈다'는 성취감에 모든 고통이 눈 녹듯 사라졌다.

이렇게 한 사람 한 사람에게 진심을 다한 덕분에, 고객들은 나를 깊이 신뢰하게 되었고 오히려 내 건강을 걱정해주는 따뜻한 인연으로 발전했다. 그들은 자신의 회복 과정을 사진과 함께 정성스럽게 기록하며, 같은 고통을 겪는 이들에게 희망이 되었다.

특별히 기억나는 사례로, 30대 남성이 2년간의 스테로이드 연고 사용으로 발 등 전체가 손상된 채 문의해온 적이 있다. 발 무좀으로 시작된 증상이 약물 부작용으로 인해 표피층부터 피하 조직까지 심각하게 손상된 한포진 상태로 악화되어 있었다. 나는 완치의 첫걸음은 스테로이드 중단이라고 설명하며, 비록 초기에는 몸 전체에 습진이 나타날 수 있지만 이것이 자연스러운 회복 과정임을 이해시켰다.

고객은 제품 사용을 시작했으나, 한 달 즈음 지나 온몸에 습진이 퍼지자 더 이상 견디기 힘들다며 남은 제품의 환불을 요청해왔다. 나는 그가 중도에 포기하지 않기를 바라는 마음에서 "무방부제 제품이라 냉장 보관이 필요해 환불이 어렵다"고 답했다.

놀랍게도 며칠 후 그는 오히려 제품을 추가 주문했다. 내가 다시 시도할 계획이냐고 묻자, 결심한 듯 그렇게 하겠다고 했다. 한 달 뒤, 그는 발뿐만 아니라 전신에 퍼졌던 탈 스테로이드 증상까지 모두 호전된 사진을 보내왔다. "당시 환불해줬으면 어쩔 뻔했어요?"라며 웃으며 이야기를 나눴고, 나는 경제적 이유가 아닌 그의 피부 개선을 위한 선택이었다고 설명했다. 그도 그 힘들었던 시간을 떠올리며, 포기하지 않고 견뎌낸 것이 결국 옳은 선택이었다며 깊은 감사를 전했다.

이 경험은 치료 과정이 비록 힘들더라도, 끝까지 인내한다면 반드시 좋은 결과를 얻을 수 있다는 나의 믿음을 더욱 굳건하게 해주었다.

이후에도 비슷한 사례가 있었다. 1년간 병원 10여 군데를 전전했지만 차도가 없었다는 한 여성이 찾아왔다가, 며칠 뒤 탈 스테로이드 증상을 견디지 못하고 다시 대학병원 약을 처방받았다며 새롭게 받은 제품의 반품을 요청했다. 나는 앞선 30대 남성의 사례를 들려주며 조금만 더 버텨보기를 권했다.

그녀는 겉으로는 수긍하는 듯했으나, 결국 "이 제품이 모든 사람에게 효과적이진 않다"며 부정적인 후기를 남겼다. 그 순간 '진심이 닿지 않을 때도 있구나' 하는 씁쓸함과 함께 '그냥 환불해 줄걸' 하는 후회가 밀려왔다.

하지만 그녀는 다시 한번 제품에 도전했고, 2~3개월이 채

되지 않아 피부가 깨끗하게 회복되었다. 그녀는 이전의 비판적인 후기를 내리고 긍정적인 후기를 새로 올리며, 진심 어린 사과와 감사의 마음을 전했다. 이 일은 제품의 효과를 입증하는 계기가 되었을 뿐 아니라, 진정성 있는 마음은 비록 시간이 걸리더라도 결국 상대방의 마음에 닿아 좋은 결실을 맺을 수 있다는 믿음이 옳았음을 다시금 일깨워주었다.

많은 어려움 속에서도 내가 고객의 손을 놓지 않는 것은 단순한 수익 때문이 아니다. 제품에 대한 확신과 함께, 고객이 중도에 포기하지 않도록 끝까지 함께하는 것이 내 사명이라고 믿기 때문이다. 그렇게 시간이 흘러 "그때 그런 일도 있었죠" 하며 편안하게 웃으며 회상하는 고객들이 하나둘 늘어갔다.

나의 진심을 알아준 고객들은 자신의 회복에 그치지 않고, 같은 고통을 겪는 이들에게 희망이 되고자 했다. 그들이 남긴 호전 과정과 회복 이야기는 어떤 광고보다 힘 있게 다른 이들의 마음을 움직였다. 이렇게 쌓인 신뢰와 따뜻한 마음으로, 나는 오늘도 더 많은 이들과 함께 치유의 여정을 이어가고 있다.

진심이 통해 피부가 나아지고, 그 기쁨을 다시 나누고자 하는 고객들의 모습은 진정성의 가치를 일깨워준다. 어떤 일이든 진심을 다한다면, 그 길은 반드시 좋은 결실로 이어질 것이라 믿는다.

CHAPTER

5

변하지 않는 가치를 지키는 브랜드의 힘

1

작지만 강하다: 진정성이 만드는 최고의 가치

나는 작은 화장품 제조 회사를 운영하고 있다. 대기업들의 화려한 성과와 비교하면, 내가 이룬 것은 상대적으로 작아 보일 수 있다. 그래서 한때는 이런 이야기를 글로 남기는 것이 의미가 있을지 고민했다. 하지만 세상을 조금 더 나은 곳으로 만들고자 하는 소신과 열정으로 달려온 여정만큼은 나누고 싶었다. 또한 수익 이상의 가치와 자부심으로 움직이는 작은 기업들의 존재를 알리고 싶었다.

우리 회사는 심각한 피부 질환으로 평범한 일상조차 누리지 못하는 이들에게 새로운 삶을 선물한다. 여기서 말하는 피부 질환은 가벼운 트러블이 아니다. 한방과 양방을 넘나들며 온갖 치료를 시도했지만 나아지지 않는 깊은 염증성 질환을 말한다. 발적, 부종, 진물이 뒤섞인 피부와 참을 수 없는 가려움, 열감으로 밤잠을 설치는 이들. 대중교통을 타거나 마트에 가는 것조차 두려워하는 이들이 우리의 고객이다. 그들에게는 다른 이들의 평범한 일상이 그저 간절한 꿈이었다.

하지만 이런 분들이 우리 제품을 만나 소중한 일상을 되찾을 때, 나는 이 일을 하는 깊은 보람을 느낀다. 처음에는 고통과 절망으로 가득했던 그들의 이야기가, 시간이 흘러 일상의 작은 행복을 나누는 담담한 이야기로 바뀌어 갈 때면 가슴 한쪽이 뭉클해진다.

내가 만나는 고객들의 회복 과정은 늘 감동을 준다. 전신 아토피로 얼굴이 벌겋게 부어올라 유치원도 못 다니던 아이가 드디어 친구들과 어울리게 되었다는 소식, 전신 화폐상습진을 극복하고 뽀얀 피부를 되찾아 자신 있게 전신사진을 보내온 아이, 부은 발 때문에 늘 슬리퍼만 신던 가장이 처음으로 구두를 샀다는 기쁜 소식이 그러하다.

수영장은 꿈도 꾸지 못하다가 마침내 가족과 물놀이를 다녀왔다는 아이의 이야기, 오랫동안 집에만 있다가 학교로 돌아가 잘 적응하는 모습, 온몸의 곰팡이 감염과 농가진을 이겨내고 장난감을 들고 환하게 웃는 아이의 사진, 방 안에만 갇혀 있던 청년이 건강을 되찾아 아르바이트를 시작했다는 소식은 늘 내 마음을 따뜻하게 한다.

16살부터 시작된 발등의 한포진으로 양말을 벗지 못하다가 마침내 샌들을 신게 된 40대 여성, 빨간 볼 때문에 '촌년'이라 놀림받던 고객이 뽀얀 피부로 변신한 이야기, 아이의 가려움으로 밤잠을 설치던 가족이 이제는 편히 잠들고 여행도 다닌다는 소식도 전해왔다. 계란 냄새만 맡아도 발진이 생긴다던 아기가 이제는 패스트푸드까지 먹을 수 있게 되었다는 이야기, 진물 때문에 아기 옷 빨래조차 힘들어하던 엄마가 두 아이와 행복한 나날을 보낸다는 소식은 이 일을 하는 가장 큰 보람이 된다.

임신 중 탈 스테로이드로 힘들어하던 고객이 오히려 피부가 빠르게 좋아지면서 "뱃속 아기가 복덩이예요"라며 기뻐했던 순간도 있었다. 임신으로 인해 평소 잠재되어 있던 동전 습진이 전신으로 퍼져 고통받던 산모가 결국 4킬로그램이 넘는 건강한 아기를 품에 안았다는 소식을 들을 때가 지금도 생생하다.

피부 질환은 가족력과 깊은 관련이 있어, 온 가족이 함께 고통받는 경우가 많다. 그래서 아토피로 힘들어하던 남편과 세 아이가 함께 건강을 되찾은 사례, 남편의 전신 화폐상습진 때문에 임신을 미루던 부부가 이제는 아기를 기다린다는 반가운 소식들이 이어졌다. 피부가 너무 안 좋아 딸의 결혼식에도 못 갔던 아버님이 회사로 복귀하셨다는 이야기, 수천만 원을 들여도 낫지 않던 얼굴 피부염이 호전되어 주변의 부러움을 사고 있다는 60대 여성의 달라진 일상도 기억에 남는다.

빨간 크레파스로 엄마 얼굴을 그리며 "엄마 피부 좋아지게 해주세요" 기도했다는 어린 딸의 사연은 지금도 가슴을 적신다. 약물 부작용으로 피부가 벗겨지던 남편이 3주 만에 호전되어 '기적'이라 이름 붙인 후기, 고름과 진물이 뒤섞인 얼굴 피부 문제로 죽음까지 떠올렸던 고객이 이제는 두 아이의 엄마로 행복한 일상을 보낸다는 소식은 내가 이 길을 걸어온 이유를 다시 한번 되새기게 한다.

많은 고객이 내 제품을 통해 일상의 행복을 되찾고, 저마다의 방식으로 그 기쁨을 나눈다. 이런 변화의 순간들을 지켜보는 것은 내 가슴을 설레게 하고, 이것이 바로 내가 이 일을 하는 이유가 된다.

하지만 이런 보람과 확신에도 불구하고, 나는 제품을 알리는 것을 늘 조심스러워했다. 지인들에게 고객들의 개선 사례를 보여주며 행복해하면서도, 그들이 부담을 느낄까 봐 망설였다. 나는 지인이 가게를 열거나 물건을 팔면 응원하는 마음으로 구매했지만, 내 제품을 알리는 것은 부담이 될까 망설여졌다. '내 제품이 좋다고 내가 어떻게 자랑해?'라는 생각이 늘 마음속에 자리 잡고 있었다.

이런 내 모습은 초등 2학년이던 작은 아이의 반장 선거 일화를 떠올리게 한다. 한 표 차이로 부반장이 된 아이가 정작 자신은 친구에게 투표했다고 했다. 반장이 되고 싶어 나갔으면서도 "어떻게 내가 나를 뽑아요, 쑥스럽잖아요"라는 아이의 순수한 말에 웃음이 났다. 그때 나는 반 친구들을 위해 봉사하겠다는 의지를 보여주는 것이니 자신을 뽑는 게 부끄러운 일이 아니라고 말해주었다. 지금 보니 그 아이의 마음과 내 태도가 닮아 있었다.

이제는 분명히 알게 되었다. 진정한 배려는 지나친 겸손을 내려놓고 도움이 절실한 이들에게 치유의 희망을 전하는 것이라고. 피부 질환으로 일상이 무너진 이들에게 건강한 삶을 되돌려주는 이 일은 돈으로는 환산할 수 없는 가치를 담고 있다. 비록 작은 기업이지만, 우리가 만드는 변화의 힘만큼은 어떤 유명 브랜드에도 뒤지지 않는다고 확신한다.

2

인내와 확신,
흔들리지 않는 성공의 기둥

"시아로를 몰랐더라면… 상상만 해도 끔찍해요."

"시아로를 알게 된 것은 제 인생의 축복입니다."

이런 말들은 내 제품으로 피부 질환의 고통에서 벗어난 고객들이 전해주는 진심 어린 평가다. 수많은 고객에게서 이런 이야기를 들으며 제품에 대한 확신은 더욱 견고해졌고, 그들의 말처럼 내 제품을 만난 고객들은 정말 복을 받은 것이라고 생각하게 되었다.

이런 고객들을 통해 제품의 진정한 가치는 그것을 제대로 경험한 사람만이 알 수 있다는 것을 깨달았다. 이제는 이 믿음을 바탕으로 더욱 당당하게 사업을 이어가고 있다.

누군가의 혹평,
누군가의 축복

물론 이런 확신에 이르기까지 많은 우여곡절이 있었다. 정식으로 사업을 시작할 때는 이미 200여 명이 넘는 고객들의 피부를 개선한 경험이 있어 자신감이 있었지만, 그럼에도 제품 평가에는 여전히 민감했다. 특히 인터넷에 떠도는 평가나 고객들이 전하는 주변 반응에 쉽게 흔들렸다. 좋은 평가를 들으면 한없이 기뻤고, 부정적인 이야기에는 깊이 상처받았다.

한번은 피부 질환 카페에 누군가 "한 번 써보고 효과를 못 느껴 쓰레기통에 버렸다"는 글을 올렸다는 소식을 들었다. 또 어떤 고객은 지인에게 제품을 추천했다가 "이름도 없는 회사 제품을 어떻게 믿고 써?"라는 반응을 듣고 속상했다며 안타까워했다.

당시에는 피부 카페를 통해 찾아오는 고객이 많았다. 어떤 고객의 상세한 피부 개선 후기를 보고 신뢰가 생겨 연락했다는 이들이 있는가 하면, "쓰지 마세요, 별로예요"라는 부정적인 의견 때문에 고민하다 왔다는 이들도 있었다. 제3자를 통해 듣기만 해도 마음이 불편했다. 그 시절엔 제품에 대한 비판이 곧 실패처럼 느껴졌고, 그 실패가 내 인생의 패배처럼 다가왔다.

결국 나는 시아로에 대한 악평을 직접 보지 않기로 했다. 부정적인 평가를 전해 듣는 것만으로도 힘이 들었기에, 피부 카페는 물론 네이버나 구글에서도 시아로를 검색하지 않았다.

하지만 동시에 "내 제품을 그렇게 쉽게 판단한 것을 반드시 후회하게 해주리라"는 오기가 생겼다. 지금 당장이 아니더라도 매 순간 최선을 다하면, 10년 안에는 분명 모두가 인정할 만한 성공 사례들이 쌓일 것이라 믿었다. 그래서 그날이 올 때까지 섣부른 평가에 흔들리지 않기로 했다.

나는 개별 고객의 피부 개선이야말로 진정한 성공이자 업적이라고 생각했다. 또한 진정으로 좋은 화장품은 일시적인 효과가 아닌, 피부 깊숙이 작용해 건강한 상태를 지속시켜야 한다고 믿었다. 그래서 이 목표를 이루기 위해 고객들과 지속적으로 소통하며 그들의 피드백을 제품 개선에 반영했다.

나는 매일 상담을 통해 고객들의 피부 상태를 꼼꼼히 살피며, 개개인의 피부 반응에 따라 제품 사용법을 세밀하게 조정했다. 상담이 끝나면 그들의 피드백을 하나하나 분석하여 성분 배합과 사용법을 최적화했다. 마치 세상의 모든 피부 질환자를 구해야 한다는 마음으로 연구했다. 특히 탈 스테로이드 과정에서 힘들어하거나 제품을 의심하는 고객들을 위해 더욱 매진했다.

선부른 평가에 마음 쓰기보다는, 믿고 따라와 주는 고객들에게 집중하기로 했다. 그들의 성공 사례가 쌓이면 더 당당해질 수 있다고 믿었다. 이런 노력 덕분에 점점 더 많은 고객이 나를 신뢰하고 조언을 따랐고, 그 결과 일반적인 가벼운 트러블은 물론 음식, 환경, 스트레스, 약물 부작용 등으로 인한 심각한 피부 문제까지 개선할 수 있었다. 지금까지 2천여 명이 넘는 피부 질환자들이 건강한 피부를 되찾았다.

평가가 아닌 결과로 증명하다

상담 중에 "시아로를 어떻게 알게 되셨나요?"라고 물으면 "한의원에서요" 또는 "병원에서 추천받았어요"라는 답을 종종 듣는다. 서울, 부산, 춘천 등 지역은 달라도, 의료 전문가의 추천이라는 말에 가슴 벅찬 기쁨을 느낀다.

이제는 내 제품을 사용하지 않은 이들의 부정적인 반응에 흔들리지 않으려 한다. 그런 이들을 만나면 '나는 모든 사람의 기대를 충족시킬 수는 없어. 나도 부족하고 완벽하지 않은 사람이니까'라고 스스로를 다독인다. 내 한계를 인정하고 나만의 방식으로 최선을 다하자는 마음으로 일한다.

한번은 화폐상습진이 회복된 사례 사진을 회사 SNS에 올렸는데, "손가락 모양이 다르네요"라는 의심스러운 댓글이 달렸다. 나는 담담히 답했다. "시아로에는 이처럼 놀랍도록 달라진 사례가 많습니다. 믿기 어려워하시는 분들이 계셔도 괜찮아요. 이미 저희를 믿어주시는 분들이 충분하니까요. 저는 남들의 평가보다 스스로의 성취감을 느끼며 일하고 있습니다."

또 어떤 날은 "시아로 사이트에 후기가 너무 많아서 오히려 믿음이 가지 않는다"는 글을 보았다. '많아도 탈, 적어도 탈이구나' 하며 웃어넘길 수 있게 되었다.

이제 우리 홈페이지에는 수백 명의 성공 사례가 쌓여 있다. 이 후기들은 단순한 비포 애프터가 아닌, 몇 주, 몇 개월에 걸친 치유의 여정을 담고 있다. 시간을 들여 조금만 읽어봐도 진정성이 느껴지는 글들인데, 그마저도 귀찮아하는 이들에게까지 굳이 제품을 권할 필요는 없다고 생각한다.

제품에 대한 확신이 생기자 더 이상 부정적인 평가가 두렵지 않았다. 마침내 판도라의 상자를 여는 심정으로 피부 카페를 검색하기 시작했다. 2017년과 2018년의 혹평들과 직면할 때가 되었다고 생각했던 것이다. 다행히 최근에는 긍정적인 경험을 나누는 글들이 많았다. 어떤 이가 증상이 심해졌다며 고민을 털어놓으면, "저도 그랬는데 끝까지 믿고 썼더니 좋아졌어요"라며 격려하는 댓글도 보였다. 이를 보며 두려움 없이 현실과 마주하는 것의 중요성을 다시금 깨달았다.

더 이상 부정적인 평가를 두려워하거나, 그것을 모두 받아들일 필요도 없다는 확신이 생겼다. 제품을 피상적으로 평가하는 이들의 시선이 거기까지일 뿐, 끝까지 믿고 사용하는 이들에게만 진정한 변화가 찾아올 것이라 믿었다.

이런 자신감으로 사업 시작 8년 만인 2023년 3월, 네이버 스마트 스토어에 입점했다. 사실 초창기부터 여러 번 제안받았지만, 제품에 대한 나의 확신과 고객들의 신뢰가 충분히 쌓일 때까지 기다린 것이었다. 그동안 자사몰만으로 소통해오다 뒤늦게 시작했지만, 다행히 오랜 연구와 노력으로 만든 제품이기에 높은 평점을 받고 있다.

나는 "10년 안에 결과로 증명해 당당해지자"는 마음으로 인내해왔다. 그 동안 수많은 성공 사례를 쌓아 제품의 가치를 증명하겠다는 일념으로 걸어왔고, 이제 그 노력이 하나둘 결실을 맺고 있다.

제품의 실패가 곧 나의 실패처럼 여겨져 예민하게 반응하던 시간이 있었기에, 오히려 더 큰 자신감을 갖게 되었다. 그 과정에서 "포기는 있어도 실패는 없다"는 단단한 믿음도 얻었다. 이제는 이 믿음으로 더욱 당당하게 사업을 이어간다. 자신이 하는 일에 확신이 있다면, 어떤 상황에서도 흔들리지 말고 자신의 길을 가야 한다.

3

감사로 이어지는 성장의 선순환

어릴 적, 엄마는 매일 저녁 이부자리를 펴시며 “오늘 하루도 잘 살았습니다. 감사합니다, 아버지”라고 짧게 기도하셨다. 그때는 그저 일상의 한 부분처럼, 단순한 습관처럼 여겼다. 엄마는 만성 신부전으로 10년 넘게 투석을 받으면서도 새벽마다 일어나 4남매의 도시락을 챙기고, 집안일과 농사일까지 해내셨다. 그렇게 강인한 모습 때문인지, 나는 단 한 번도 엄마의 죽음을 떠올려본 적이 없었다. 오히려 가끔은 “그 기도 좀 하지 마세요”라며 청승맞다고 투정 부렸다.

세월이 흘러서야 알게 되었다. 엄마의 기도는 단순한 습관이 아니었다. 하루를 더 살게 해주신 것에 대한 진심 어린 감사이자, 살고 싶다는 간절한 소망이었다. 이제는 나도 매일 엄마처럼 기도한다. "하느님, 오늘도 무사히 살게 해주셔서 감사합니다." 나이가 들수록 평범한 하루하루가 얼마나 소중한지 절실히 깨닫게 된다.

엄마가 남기신 가장 큰 가르침

영원히 곁에 있을 것만 같던 엄마는 53세라는 젊은 나이에 갑자기 세상을 떠나셨다. 이 충격이 가라앉을 새도 없이 어머니가 돌아가신 지 한 달도 채 지나지 않아 대학 졸업식도 하기 전에 1월 1일 자로 항암병동 간호사로 첫 발령을 받았다.

매일 아침 "오늘은 사망 환자가 없게 해주세요"라는 기도를 하며 출근했다. 지푸라기라도 잡는 심정으로 입원한 말기 암 환자들이 많았고, 그만큼 사망 소식도 잦았다. 어제까지 웃으며 이야기를 나누던 환자가 혼수상태에 빠지고 숨을 거두는 모습을 지켜보며, 삶을 바라보는 시각이 조금씩 바뀌었다. 특실에 머물던 부유한 환자들도 결국 세상을 떠나는 모습을 보며, 인생의 덧없음을 뼈저리게 깨달았다. 그때부터 "죽고 사는 일이 아니면 문제가 아니다"라는 생활신조가 생겼다. 죽음보다 더 최악은 없다는 생각이었다.

길에서 다투는 사람들, 뉴스에서 권력과 돈을 두고 벌어지는 싸움을 볼 때마다 "저게 다 무슨 의미가 있을까? 결국 다 죽을 텐데…"라는 생각이 들었다. 그래서 어떤 어려움을 만나도 '죽고 사는 일이 아니면 큰 문제가 아니다'라는 마음가짐으로 헤쳐 나가려 했다.

이런 생각은 시아로 화장품 사업을 하며 예상치 못한 어려움이나 상처를 받을 때도 그 좌절에서 일어서게 하는 힘이 되었다. 엄마의 기도와 암 환자들의 마지막을 지켜본 간호사 경험을 통해, 무사히 살아가는 하루가 그 자체로 얼마나 큰 축복인지 깨달았기 때문이다. 그 깨달음은 엄마가 남기신 가장 큰 가르침이자, 내 사고의 전환점이 되었다.

가까운 이의 죽음이 생존의 감사함을 일깨우듯, 불행했던 경험은 작은 일상에서도 더 큰 행복을 느끼게 한다. 모든 것은 상대적이기 때문이다.

가끔 주변에서 내가 둘째 아이에게 유독 각별하다고 말한다. 아토피로 고통받는 큰아이를 키우는 일은 나에게 큰 시련이었다. 두 시간 이상 재워보는 것이 소원일 만큼, 가려움에 벅벅 긁다 더 심하게 울어버리는 아이를 달래지 못해 주저앉곤 했던 시절이었다. 그때 나의 유일한 소원은 아이의 피부가 깨끗해지는 것이었다. 그러던 중 둘째가 건강한 피부로 태어났고, 그 아이는 나에게 선물 같은 존재가 되었다. 무조건적인 감사함으로 다가온 것이다. 피부 문제로 힘들었던 경험이 있었기에 건강한 피부의 소중함을 더 깊이 깨달았고, 일상의 작은 것들에도 감사함을 느끼게 되었다.

나는 매일 다양한 감정의 소용돌이를 겪는다. 피부가 나아지기까지 고객들은 여러 번의 호전과 악화를 반복하며 힘겨운 과정을 거치기 때문이다. 오랜 고통에서 벗어나 행복해하는 소식과, 절박하게 도움을 요청하는 메시지를 동시에 접하는 것이다. 괴로운 비명과 기쁨의 환호성이 늘 함께 들려오는 셈이다. 그래서 기쁜 소식을 들어도 슬픈 이야기에 묻혀 온전히 기뻐하기 어려울 때가 많다. 그럼에도 내 마음의 행복이 다른 이들에게도 전달된다는 것을 알기에, 쉽지는 않지만 늘 기쁜 소식을 먼저 받아들이려 노력한다.

누군가에게 꼭 필요한 사람이 되었다는 것

수많은 고객들과 감정을 나누고, 그들의 불안을 덜어주기 위해 같은 질문에 반복해서 답하는 일은 많은 에너지가 필요한 고된 작업이었다. 특히 불안이 큰 고객들은 피부가 나아질 때까지 매일 같은 질문으로 연락해왔다. 그럴 때마다 나는 깊은 숨을 내쉬며 마음을 다잡아야 했다. 또한 시아로의 가치를 알아보지 못하는 이들의 반응에 상처받기도 했다.

그러던 어느 날, 문득 어린 시절이 떠올랐다. 가족들과 옛이야기를 나누다 보면 우리 집이 가난했다는 말을 자주 듣는데, 나는 그때 그런 생각으로 살지 않았다. 넉넉하지는 않았지만 가난하다고 여기지도 않았다. 모든 것은 상대적이어서 주변에 여유로운 사람들이 많았다면, 부족함을 크게 느꼈을지도 모른다. 하지만 우리 이웃도 모두 비슷한 형편이었기에, 그저 '우리의 일상'이라 여겼던 것 같다. 그래서 나는 가난을 잘 모르고 자랐다. 덕분에 어린 시절은 가난으로 인한 어려운 기억보다 행복한 추억이 더 많이 남아 있다. 당시의 환경을 있는 그대로 받아들이고 그 안에서 나름의 즐거움을 찾았기에, 지금도 그때를 긍정적으로 기억하는 것 같다.

이런 깨달음은 현재의 나에게도 새로운 시각을 주었다. 지금의 상황을 있는 그대로 받아들이며, 아이로 인해 힘들었던 내 경험을 떠올렸다. 그러면서 나를 믿고 의지하는 이들이 있다는 사실에 감사함을 느끼기 시작했다. 누군가에게 꼭 필요한 사람이 되었다는 것, 그것이 나에게 큰 의미가 되었다.

이제는 시아로의 가치를 알아보지 못하는 이들에게서 받는 상처보다, 제품을 믿고 긍정적으로 봐주는 고객들에게서 더 큰 힘을 얻는다. 그들의 신뢰와 감사를 마음에 새기며 더 좋은 제품을 만들기 위해 전진하기로 했다.

특히 피부가 나은 뒤에도 계속 응원해주는 고객들을 보며 내 일의 보람과 존재 이유를 찾았다. 적지 않은 비용을 지불하고도 시아로와의 만남을 '은총'이나 '축복'이라 표현하는 분들, 상담의 고단함을 알아채고 격려해주시는 분들의 응원은 상상 이상의 힘이 되어주었다. 1대 100으로 고객을 상대하는 이 일이 때론 외롭게 느껴질 때도, 이런 고충을 이해하고 함께해주는 분들이 있어 늘 든든했다.

또한 신앙이 없었다면 여기까지 오지 못했을 것이다. 힘든 일이 해결될 때마다 그것을 하느님의 기적이라 믿으려 했고, 수녀인 큰언니의 기도는 어떤 어려움도 이겨낼 수 있게 하는 든든한 하느님의 뒷배 같았다.

시아로로 피부가 나은 목사님, 신부님, 수녀님들의 기도도 큰 힘이 된다. 그분들은 내 제품의 놀라운 효과를 전하시며, 이 선한 뜻이 더 많은 이들에게 닿기를 기도하겠다고 약속하셨다. 나는 이 모든 기도 덕분에 지금까지 올 수 있었다고 믿는다.

지속적인 응원을 보내주시는 고객들과 기도해주시는 성직

자분들은 나의 든든한 버팀목이다. 그 따뜻한 격려가 내 마음을 더욱 단단하게 해주었고, 힘든 순간마다 그 기도의 힘으로 여기까지 올 수 있었다.

그러므로 시아로는 한마디로 "감사한 마음과 많은 이의 응원으로 지켜내는 기업"이다. 고객들과의 소통을 통해 그들의 사랑과 믿음에 보답하고, 피부 문제로 고통받는 이들에게 작은 희망이 되고 싶다.

4

신뢰의 토대 위에서 자라는 브랜드

어릴 적 우리 집에서는 어떤 일의 진위를 가릴 때 "깨끗한 마음이야?"라는 질문을 사용했다. 우리 가족은 이 질문 앞에서는 절대 거짓말을 하지 않기로 약속했다. "진짜 깨끗한 마음이야!"라는 대답에는 온 가족이 무조건적인 신뢰를 보였다. 이런 절대적 신뢰는 거짓말을 하지 못하게 만드는 힘이 되었다.

중학교 저학년 때의 일이다. 당시 버스 이용권을 30장씩 미리 구매하면 천 원이 남았는데, 평소에는 그 잔돈을 집에 반납했다. 하루는 그 돈으로 군것질을 하고는 학용품 비를 부풀려 말했다. 옆에서 지켜보던 둘째 언니가 "너 거짓말이지?"라고 묻자, "아니야, 진짜 학용품 샀어"라고 답했다. 그러자 언니가

"깨끗한 마음이야?"라고 다시 물었다. 나는 망설이다가 마음속으로 '하느님, 이번 한 번만 용서해주세요'라고 기도하며 "그래, 깨끗한 마음이야!"라고 거짓말을 했다.

이를 본 언니가 "아빠! 얘 깨끗한 마음 속인 거 같아"라고 일렀다. 그런데 아버지는 "우리 막내는 절대 거짓말할 애가 아니야. 학용품 샀다고 하면 산 거야"라며 웃으셨다. 그 순간 나는 "거짓말이에요. 깨끗한 마음 아니에요"라며 울음을 터뜨렸다. 아버지는 나를 안아주시며 "괜찮아, 괜찮아. 다음부터 깨끗한 마음 속이지 말자"라고 다독여주셨다. 그 후로 나는 이 질문을 들으면 거짓말을 할 수 없었다.

고등학교 때는 친구들도 우리 집의 이 이야기를 알고 있어서, 내가 장난으로라도 거짓말을 하면 "깨끗한 마음이야?"라고 물었다. 그럼 나는 웃으며 진실을 털어놓곤 했다.

거짓말임을 눈치채시고도 야단치지 않고 오히려 믿음을 보여주신 아버지의 반응이, 어린 마음에도 더 큰 부끄러움과 죄송함으로 다가왔던 것 같다.

가끔 '그때 아빠가 야단을 치셨다면 어땠을까?' 하는 생각이 든다. 아버지는 양심을 지키는 것이 중요하다는 것을 꾸짖음이 아닌 믿음으로 가르치셨다. 그 덕분에 나는 더욱 신뢰받는 사람이 되려 노력했던 것 같다.

초등학교 때는 작은 키가 콤플렉스였다. 큰 친구들이 부럽다고 말하자 아버지는 "작은 고추가 맵다는 말이 있지? 그건 너를 두고 하는 말이야. 너는 작아도 앙팡지잖아"라고 말씀하셨다. 그 말씀 덕분에 키에 대한 열등감 없이 자랄 수 있었다.

어릴 적 동네 사람들, 특히 언니 오빠들은 내 이름 대신 '짱구'라고 불렀다. "어이! 짱구, 안녕!" 하며 장난치곤 했다. 그래서 학창 시절 내내 이마가 드러날까 봐 머리카락으로 가렸다. 그때마다 부모님은 "네가 이마가 나와서 똑똑한 거야. 이마가 예뻐서 샘내는 거네"라며 위로해주셨다. 나는 "고슴도치도 자기 새끼는 예쁘대"라고 말하면서도, 조금씩 이마를 드러내기 시작했다.

누군가 나를 믿고 응원해줄 때면, 나는 그 기대에 보답하고자 더욱 힘을 냈다. 그들의 신뢰가 내게는 자신감이 되어주었기 때문이다.

"깨끗한 마음이야?"라는 질문의 힘

이런 성장 과정에서 얻은 양심과 자신감의 경험들은 자연스럽게 사업 운영에도 반영되었다. 항상 깨끗한 제품을 만들기 위해 위생 관리에 힘쓰고, 최상의 제품을 위해 좋은 원료 선정과 제조법 연구에 매진하며 신뢰를 쌓아갔다.

2018년, 아토피 자녀를 둔 한 아버님이 재구매를 위해 회사를 방문하셨다. 제품 덕분에 아이 피부가 좋아졌다며 감사 인사를 전하러 오신 것이었다. 아이 어머님이 먼저 제품을 알게 되어 성분을 꼼꼼히 확인하고 구매를 결정하셨다고 했다. 알고 보니 그분은 화장품 원료 회사에 근무하는 전문가셨다. 전문가의 인정을 받은 것이 무척 기뻤다. 그 가족은 몇 년 전 뉴질랜드로 이민을 가셨지만, 지금도 아이들 소식을 전하며 제품을 애용하고, 현지 교포들에게도 제품을 소개해주신다.

여러 피부 질환에 효과를 본 고객들은 "만병통치약 같다"며 "피부암도 고치지 않을까요?"라는 농담을 건네기도 한다. 새 제품을 출시할 때마다 "시아로가 만든 거라면 무조건 믿을 수 있죠"라는 말씀을 해주시는 분도 늘었다. "칭찬은 고래도 춤추게 한다"는 말처럼 이런 신뢰는 나를 춤추게 했지만, 동시에 채찍이 되기도 했다. 그만큼 책임감이 커진 것이다. 이 믿음에 부응하기 위해 더 좋은 제품을 만들고자 끊임없이 노력했다. 그 결과 피부 개선 사례가 쌓이고 무한 신뢰를 보내주시는 분이 더욱 늘었다. 누군가에게 신뢰받는다는 것은 나에게 보람과 행복을 주고, 그 신뢰가 더욱 성장하게 할 뿐만 아니라 새로운 가능성을 열어준다.

시아로 화장품 사업을 시작한 후 나는 매일 새로운 것을 배우고 있다. 새로운 도전 앞에서 걱정이 되기도 하지만, 고객들의 신뢰와 만족은 큰 힘이 된다. 이 일을 통해 얻는 보람은 말로 다 표현할 수 없다. 고객들의 칭찬이 나를 이 자리까지 오게 했고, 그분들의 굳건한 믿음이 나태해지지 않도록 이끌어주었다.

양심을 지키는 기업은 고객과의 상호 신뢰를 통해 제품의 가치를 높일 수 있고, 그런 기업만이 오래 살아남을 수 있다고 믿는다. 앞으로도 나는 고객과의 신뢰를 바탕으로 더욱 성장하고 발전하는 기업이 되겠다고 다짐한다. 그게 나의 사명이다.

5

선한 영향력으로 세상을 바꾸는 브랜드

내 사업은 아이의 아토피 치료를 고민하면서 시작되었다. 나 역시 피부 질환을 겪으면서 아이가 얼마나 힘들었을지 뼈저리게 이해하게 되었고, 다른 이들이 이런 고통에서 벗어나길 바라는 간절한 마음으로 이 일을 시작했다.

아이와 나의 경험은 많은 이에게 희망이 되었고, 수많은 사람이 피부 질환에서 벗어났다. 더욱 감사한 것은, 그 과정에서 치유를 경험한 고객들이 자발적으로 같은 고통으로 힘들어하는 이들에게 손을 내밀어준 것이다. 그들은 제품 사용 초기부터 피부가 나아지는 과정까지 모든 경험을 시아로 홈페이지에 정성스레 공유했다.

이제 우리 홈페이지에는 건강한 피부를 되찾은 고객들의 다양한 이야기가 가득하다. 이 경험들은 같은 고통으로 힘들어하는 이들에게 든든한 희망이 되고 있다.

나는 시아로 제품에 대한 고객들의 평가를 솔직하게 공유하려 노력했다. 홈페이지의 '고객스토리' 상담방은 고객들이 처음 상담부터 피부가 호전되기까지의 과정을 함께 나누는 공간이자, 시아로 제품의 후기를 확인할 수 있는 중요한 창구다. 이곳에서는 대부분 만족스러운 결과로 마무리되지만, 간혹 부정적인 평가도 있다. 이는 주로 피부 질환의 특징 및 탈스테로이드에 대한 이해가 부족하거나 피부 상태에 비해 제품 사용량이 충분하지 않았던 경우였다.

그럼에도 나는 이러한 후기들을 삭제하지 않고 있는 그대로 유지한다. 긍정적인 결과만을 선별해서 보여주는 것이 아니라, 모든 경험을 진솔하게 공유하는 것이 고객들의 현명한 선택을 돕는 책임 있는 자세라고 믿기 때문이다. 특히 부정적인 사례를 보며 제품이 가진 역할과 주의사항을 명확히 전달할 수 있어, 오히려 이는 예비 고객들의 더 나은 선택을 돕는 소중한 정보가 되고 있다. 이를 통해 고객들이 제품을 직접 판단하고 선택할 수 있도록 하는 것이야말로 나의 양심과 진정성을 지키는 길이라 믿는다.

버려질 뻔한 아이스팩,
환경을 살리는 기회가 되다

지금도 많은 고객이 같은 마음으로 경험을 나누고 있으며, 이러한 선한 영향력이 더 많은 이들의 피부 개선으로 이어지고 있다. 이것이 곧 우리 사업이 지속될 수 있는 근간이 되었다. 이렇게 따뜻한 마음으로 함께해 준 분들 덕분에 더 많은 이들이 치유되었기에, 나는 감사한 마음으로 이 일을 이어가고 있다. 내 작은 진심이 다른 이들에게 선한 영향력으로 퍼져나갔고, 그것이 다시 더 큰 선한 영향력이 되어 돌아왔다. 이렇게 매일 작지만 의미 있는 변화를 만들어가는 우리 기업이 자랑스럽다.

이런 마음으로 나는 또 다른 선한 영향력을 찾아 나섰고, 그것이 바로 아이스팩 재활용이었다.

아토피를 비롯한 각종 피부 질환의 원인과 악화 요인은 하나로 특정할 수 없다. 음식, 환경 변화, 스트레스, 약물 부작용 등 다양한 요인이 있지만, 그중에서도 환경오염이 큰 영향을 미친다는 것은 잘 알려진 사실이다. 아토피로 고통받던 아이가 강원도 평창이나 정선 같은 청정 지역에서 덜 힘들어하는 모습을 보며 환경의 중요성을 절실히 깨달았다. 그래서 나는 비록 환경 운동가는 아니지만, 가정에서부터, 그리고 사업을 하면서도 쓰레기를 줄이려 노력했다.

특히 온라인 쇼핑몰 특성상 포장재 사용이 불가피했지만, 재활용이 가능한 것들은 깨끗이 세척해 배출하고 포장도 최소화했다. 무방부제 제품이다 보니 아이스팩과 스티로폼 상자는 필수였지만, 이 포장재들의 긴 분해 시간을 생각하면 지구 환경에 미치는 영향이 걱정되었다.

이런 고민을 고객들과 나누었더니 많은 분들이 공감해주셨다. 어떤 분들은 직접 배송비를 부담하면서까지 아이스팩을 모아 보내주셨고, 부피가 큰 스티로폼 상자까지 보내주시는 분들도 있었다. 한번은 사무실 앞에 스티로폼 상자 10개가 한꺼번에 배달되어 깜짝 놀란 적도 있다. 환경 보호에 이렇게 적극 동참하는 고객들의 마음에 큰 감동을 받았다.

그래서 회사 차원에서 아이스팩 수거 캠페인을 시작했다. 배송비는 회사가 부담하기로 하고 본격적으로 수거를 시작했는데, 한 지인이 "그 많은 아이스팩을 어떻게 감당하시려구요?"라며 걱정했다. 그 걱정을 들을 때만 해도 그렇게 많은 양이 모일 거라고 예상하지 못했다. 하지만 캠페인 소식이 인터넷을 통해 퍼지면서 전국에서 어마어마한 양의 아이스팩이 도착했다. 매일 아이스팩을 정리하는 것이 주요 업무가 될 정도였다. 세척 인건비와 배송비를 포함하면 새 제품을 구매하는 것보다 비용이 훨씬 더 들었지만, 지구에 버려지는 쓰레기를 조금이라도 줄일 수 있다는 생각에 마음은 뿌듯했다.

대부분의 고객은 깨끗하게 세척한 아이스팩을 보내주셨다. "기업의 발전을 기원합니다"라는 따뜻한 손 편지와 함께 과자, 사탕, 휴지, 수건 등 소소한 선물을 동봉해 주시는 분도 많았다. 환경 보호를 위한 작은 실천으로 시작한 일이었지만, 예상치 못한 많은 이들의 따뜻한 응원 덕분에 세상이 아직은 살만하다는 희망을 느꼈다.

물론 가끔은 터지거나 생선 비린내가 나는 아이스팩, 심지어 벌레가 있는 것들도 있었다. 이런 경우 연락드리면 대부분 미처 상태를 확인하지 못하고 보내셨다며 미안해하셨다. 한 고객은 너무 죄송하다며 정성스러운 손편지와 함께 스카프를 보내주셔서 오히려 내가 더 미안했던 적도 있다.

크기가 너무 큰 아이스팩이 오면 주변 정육점에 나누어 드렸는데, 사장님들도 환영해주셨다. 2022년과 2023년에는 관할 시청에서 수거한 아이스팩을 대량으로 보내주시기도 했다. 이렇게 돌고 도는 재활용을 통해 조금이나마 환경 보호에 기여하고 있다.

이 경험을 통해 작은 실천이 모여 의미 있는 변화를 만들 수 있다는 믿음이 생겼다. 앞으로도 아이스팩 수거 캠페인을 이어가며, 더 나아가 수익의 일부를 기부하고 경제적 어려움으로 피부 치료를 받지 못하는 이들을 돕는 등 다양한 방식으로 사회에 기여하고 싶다.

이런 작은 실천이 모여 더 큰 변화를 만들어내길 바란다. 고객들의 선한 마음이 지금의 시아로를 있게 했듯이, 나 역시 더 많은 이들에게 긍정적인 영향을 주는 의미 있는 브랜드로 성장하고자 한다. 그것이 바로 나의 작은 목표이다.

6

작은 기업의 큰 꿈이 만드는 변화

공동체에서 살아가다 보면 타인의 행복이 곧 나의 행복으로 이어질 때가 많다. 가족 구성원 모두가 건강해야 내 삶도 편안해지는 것처럼 말이다. 이제 막 아이들에게 손이 조금 덜 가나 싶더니, 어느새 부모님을 돌봐야 하는 나이가 되었다.

몇 년 전, 건강하셨던 친정아버지께서 암 수술을 받으셨다. 4남매가 시간을 나누어 병원에서 아버지를 돌보았다. 아버지의 건강이 호전되고 난 다음 해, 이번에는 친정어머니께서 골절로 수술을 받으셨다. 그 후에는 시어머니께서 뇌경색으로 입원 치료를 받으셨다. 딸이자 며느리로서 정성을 다해 간호해야 했고, 주부와 부모, 직장인이라는 여러 역할을 감당하느라 쉽지 않은 시간을 보냈다. 다행히 부모님들이 건강을 되찾으시면서 나의 일상도 다시 평온을 찾았다.

이처럼 주변 사람들의 건강과 행복이 곧 나의 평온함으로 이어진다. 인간은 홀로 살아가는 존재가 아니기에, 타인과 함께 살아가면서 서로의 영향을 주고받을 수밖에 없다. 이런 경험은 우리가 더불어 살아가는 존재라는 것을 다시 한번 깨닫게 한다.

직원의 삶이 편안해야 회사도 성장한다

직장에서도 마찬가지다. 함께 일하는 직원들이 마음 편하게 일할 수 있어야 회사도 활기차고 원활하게 운영된다. 그래서 나는 직원들이 안정된 환경에서 일할 수 있도록 신경 쓴다.

몇 년 전, 한 직원에게 제안을 했다.

"오늘은 다른 일은 잠시 미루고 저와 함께 은행에 가요. 신분증과 도장은 준비하셨죠?"

이런 제안을 하게 된 것은 며칠 전 대화에서 직원의 불안정한 경제 상황을 알게 되었기 때문이다. 가정 경제는 누가 관리하느냐고 물었더니, 그동안 남편의 수입으로만 가계를 꾸려가고 있었으며 관리도 남편이 전담한다고 했다. 대학 시절 받은 학자금 대출의 원금과 이자를 결혼 후에도 계속 갚고 있었고, 저축은 거의 하지 못하고 있었다. 가정 경제는 부부가 함께 관리해야 하며, 특히 아내도 재정을 파악하는 것이 중요하다고 나는 조언했다.

그동안은 남편의 수입으로만 생활했으니, 이제부터라도 직원의 급여를 최대한 저축하면 목돈을 모을 수 있다고 설명했다. 퇴근 시간이 은행 마감 시간과 겹치다 보니 오전 근무 시간에 동행을 제안한 것이다. 조금씩 모은 돈이 목돈이 되는 기쁨을 경험하게 하고 싶어서 1년과 2년 만기의 적금을 나누어 가입하도록 했다.

1년이 지난 어느 날, "대표님, 오늘 적금 만기일이라고 문자가 왔어요. 해지해도 될까요?"라며 기뻐하는 직원을 보며 뿌듯함을 느꼈다. 만기된 금액은 다시 예금으로 전환해 예치하도록 했다. 적금 가입날 생각보다 시간은 빨리 흘러 만기일이 금방 도래할 것이라고 이야기했는데, 직원도 1년이 순식간에 지나갔다며 놀라워했다.

또 다른 직원은 연 18%가 넘는 카드 대출을 이용하고 있었다. 이렇게 높은 이자를 어떻게 감당하게 됐는지 물어보니, 급

전이 필요했지만 주부로서 장기 근무 이력이 없어 카드 대출밖에 선택할 수 없었다고 했다. 일시적으로만 사용할 계획이었으나, 상황이 예상과 달리 흘러가면서 카드 대출을 계속 유지할 수밖에 없었다고 했다.

매달 급여의 상당 부분이 높은 카드 대출 이자로 나가는 직원의 처지가 안타까웠다. 나는 주거래 은행 담당자에게 상황을 설명하고 저금리 대출 방안을 문의했다. 하지만 근로자 대출은 1년 이상의 근무 경력이 있어야 가능했고, 이 직원은 입사한 지 몇 개월밖에 되지 않아 해당되지 않았다. 반면 회사 대표인 나는 3% 이내의 저금리 대출이 가능했다. 그래서 내 명의로 대출을 받아 직원에게 빌려주고 대출 이자는 직원이 납부하도록 했다. 덕분에 직원은 카드 대출을 모두 상환할 수 있었고, 3%도 안 되는 낮은 이자 부담으로 경제적 숨통이 트였다. 근무 기간이 1년이 되었을 때, 직원은 저금리 근로자 대출로 갈아타 내 명의의 대출금을 완납했다.

직원들에게 이런 방식으로 도움을 준 것은 함께 살아가는 이웃으로서 그들이 편안한 삶을 살았으면 하는 바람 때문이었다. 덕분에 직원들은 마음 편히 업무에 집중할 수 있었다. 결과적으로 나의 작은 도움은 직원들뿐만 아니라 회사에도 긍정적인 영향을 미쳤다. 직원에게 좋은 일이 대표인 나에게도 좋은 일이

된 것이다. 이런 경험을 통해 내가 베푼 도움은 어떤 형태로든 다시 내게 돌아온다는 것을 깨달았다.

피부를 치유하며
사회적 선순환을 경험하다

나는 고객들을 통해서도 이웃을 돕는 일이 결국 나에게도 이로움이 된다는 것을 경험한다.

화장품 회사를 운영하면서 나는 신생아부터 노인까지 다양한 고객들을 만난다. 화장품은 누구나 사용하고, 피부 질환은 나이와 관계없이 생기기 때문이다. 피부 질환으로 고통받는 고객들의 사연을 들을 때마다 가슴 아프지 않은 경우가 없어 늘 성심성의껏 상담한다. 상담은 주로 홈페이지에서 이루어지는데, 고객이 자신의 피부 상태를 글과 사진으로 올리면 그에 맞는 조언을 해주는 방식이다.

고객들은 나의 조언을 따르면서 건강한 피부를 되찾고, 그 경험을 다른 고객들과 나누었다. 이런 성공 사례들은 다른 고객들에게 치유의 희망이 되어주었고, 덕분에 건강한 피부를 되찾는 이들이 하나둘 늘어났다. 이것이 결국 사업 발전으로 이어졌다. 이런 경험을 통해 나는 다른 이들을 돕는 일이 결국 나에게도 좋은 결실로 돌아온다는 것을 깨달았다.

한번은 홈페이지에서 비대면으로 만났던 고객들과 만남의 자리를 마련했다. 서로 처음 대면한 고객들은 반가워하며 한목소리로 "건강한 피부로 이렇게 밖에 나와서 사람들도 만날 수 있게 되어 정말 감사해요"라고 인사했다. 대부분 붉고 가렵고 따가운 피부 때문에 은둔하다시피 살았던 이들이었기에, 함께 식사하는 자리를 누구보다 행복해했다. 이런 모습을 보며 "인간은 함께 더불어 살 때 행복하다"는 것을 다시 한번 깨달았다.

특히 피부 문제로 학교생활이 어려운 학생들을 만날 때면 더욱 안타까워 적극 지원하고 상담했다. 그중에는 심각한 아토피로 휴학 중이던 초등학교 3학년과 6학년 여학생이 있었다. 이후 피부가 깨끗해져 학교에 복학했다는 소식을 전해 들었고, 6학년 여학생은 반장까지 되었다고 했다. 학생의 어머니는 "이 은혜를 어찌 갚아야 할지 모르겠다"며 감사의 마음을 전했다. 이런 인사를 받을 때마다 나는 "아이가 건강해져서 저도 감사합니다"라고 진심 어린 말을 전한다. 여기에는 우리 제품을 믿고 끝까지 사용해준 것에 대한 감사와 함께, 우리나라의 미래를 이끌어갈 건강한 시민으로 키워준 것에 대한 고마움이 담겨 있다.

초등학교 시절, 매주 월요일이면 전교생이 운동장에 모여 교장 선생님의 훈화를 들었던 기억이 난다. 훈화는 늘 "너희는 이 나라의 미래를 이끌어갈 주역으로…"라는 말씀으로 시작되었다. 당시에는 그저 형식적인 격려이자 먼 미래의 이야기라고만 생각하며 흘려들었다.

성인이 되어 사회 구성원으로 살아가면서, 그때의 말씀이 먼 미래가 아닌 현실이었음을 알게 되었다. 이제는 학생들을 마주할 때마다 그들이 우리 사회의 중심이 될 시간이 가까워졌음을 새삼 실감한다. 건강한 그들이 건강한 사회를 이끌어갈 것이라는 믿음이 있기에, 피부 문제로 은둔하던 아이들이 내 제품으로 건강을 되찾았다는 소식은 내게 더욱 의미 있고 행복하게 다가온다.

나는 가족 구성원 한 명 한 명이 건강해야 가정이 편안하고, 이웃이 편안해야 지역 사회가 안정되며, 국민이 편안해야 국가가 번영한다는 기본 원리가 삶에서 정말 중요하다고 믿는다.

고객은 나와 내 아이들이 함께 살아갈 이웃이다. 내 이웃이 건강해야 내 삶도 편안해지기에, 건강한 이웃을 만드는 일이 중요하다. 피부 질환으로 고통받던 아이가 건강을 되찾는 것은 그 아이에게만이 아닌, 우리 모두에게 좋은 일이다. 나는 한 사람의 피부 건강을 되찾아주는 일이 더 나은 사회를 만드는 데 기여한다고 믿으며 기업을 운영하고 있다.

고객들과 대화를 나누다 보면 많은 이들이 내 건강을 걱정하고 기원해준다. 내 화장품 덕분에 피부가 나아져 감사하다는 마음을 전하면서도 한편으로는 걱정스러운 마음을 전한다. 내 건강이 나빠져 더 이상 화장품을 만들지 못하면 어쩌나, 제품을 구할 수 없게 되면 어쩌나 하는 걱정을 전한다. 나 역시 이 마음에 깊이 공감한다. 신뢰할 수 있는 원료를 제공해주시는 분들을 뵐 때마다 건강을 기원하는 것도, 그분들에게 원료를 공급받지 못하게 된다면 대안을 찾기가 얼마나 어려운지 알기 때문이다.

우리의 삶은 서로 긴밀하게 연결되어 있으며, 어떤 성취도 혼자만의 노력으로는 이룰 수 없다. 우리는 서로 의지하며 더불어 살아가고, 이러한 공동체에 기여할 수 있다는 것이 큰 자부심이다. 기업이 사회와 함께 성장해 나가는 것이야말로 한 기업이 사회에 존재하는 진정한 의미라고 믿는다. 기업의 존재 이유 중 하나가 사회에 긍정적인 영향을 미치는 것이기에, 앞으로도 한 사람 한 사람의 건강한 미소가 더해지는 따뜻한 사회를 만드는 데 보탬이 되고자 한다.

7

꿈을 잃지 않는 브랜드가 내일을 만든다

어릴 적 친정아버지는 가끔 복권을 사오시곤 했다. 당첨금으로 무엇을 할지 상상하는 것만으로도 행복해하셨다. "천 원짜리 한 장으로 일주일을 설레며 기다리니 이게 바로 '천 원짜리 행복'이지"라며 웃으시던 모습이 지금도 선명하다. 당첨된 적은 한 번도 없었지만, 그때의 아버지 모습은 내게 특별한 의미로 남아 있다.

꿈이 있다는 것은 그 자체로 행복한 일이다. 결과와 상관없이 꿈을 꾸고 희망을 품는 과정 자체가 우리의 삶을 풍요롭게 한다. 때로는 이루지 못할 것 같은 꿈이라도, 그것을 향해 나아가는 여정에서 우리는 특별한 기쁨을 만난다.

꿈을 실천하며 피부 건강의 역사를 써내다

나 역시 꿈을 안고 사업을 지속했다. 꿈은 때로 상상으로 끝날 수도 있지만, 나는 그 과정에서 즐거움을 찾는다. 꿈을 품을 때마다 더욱 부지런해지고 행복해진다. 시아로를 통해 이루고 싶은 궁극적인 꿈은 우리나라를 넘어 전 세계에서 제품의 가치를 인정받는 것이다. 피부 관리의 새로운 장을 열고, 이 분야에서 의미 있는 발자취를 남기고 싶다는 바람을 가지고 있다. 이 꿈은 사업을 지속하는 원동력이 되었다. 나는 꿈을 향해 묵묵히 내 길을 걸어왔고, 이 목표가 있었기에 사소한 일에 흔들리지 않을 수 있었다.

제품의 효과를 경험한 주변 사람들이 "홍보만 잘되면 대박날 텐데"라며 더딘 성장을 안타까워할 때도, 나는 당장의 수익보다 '10년 후를 내다보자'는 마음으로 임했다.

내 제품을 써보지도 않고 "화장품으로 피부를 어떻게 고쳐? 병원에 가야지!"라며 폄하하거나, 빠른 효과를 보고 '스테로이드 같은 약물이 들어 있을 것'이라고 의심할 때도 흔들리지 않았다. 꿈을 향한 걸음에 서두르지 않겠다고 다짐하며, 순간의 욕심보다는 꾸준함을 선택했다.

한번은 다단계 화장품 회사에 근무하는 지인의 회사 행사에 초대받았다. 거절하지 못하고 참석했는데, 지인이 자신의 동료에게 나를 소개했다. 그 동료는 자사 제품의 우수성을 장황하게 설명하더니, 갑자기 "뭐로 화장품을 만드세요?"라고 물었다. 갑작스러운 질문에 "천연 원료만 사용합니다"라고 답했다. 그러자 그녀는 내 말이 채 끝나기도 전에 "흙도 천연 원료예요"라며 비웃듯 말했다. 그 순간 더 이상의 대화가 무의미하다고 느꼈다. 대신 마음속으로 '언젠가는 당신에게 내 제품의 진가를 보여주리라' 다짐했다. 그 후로 나는 그 모임에 참석하지 않았다.

나는 그들에게 결과로 증명하겠다는 일념으로 오직 고객들의 피부 개선과 제품 개발에만 집중했다. 제품 효과를 입증할 수 있는 사례를 쌓는 데 모든 노력을 기울였다. 수백, 수천 건의 성공 사례가 쌓이면 제품의 가치는 자연히 증명될 것이라 믿었다.

그 꿈을 이루기 위해 구체적인 행동을 시작했다. 첫 단계가 수백 건의 피부 개선 사례를 근거로 한 특허 신청이었다. 피부 질환 개선 분야의 특허는 매우 까다로워서 보통 1년에서 1년 6개월 이상 소요되며, 여러 차례 반려를 거치는 것이 일반적이라고 했다. 하지만 나는 단 한 번의 반려도 없이 6개월 만에 승인을 받았다. 그동안 축적해 온 피부 개선 사례들이 심사 과정에서 결정적인 역할을 한 것이다. 이런 과정을 거쳐 받은 특허였기에 그 의미가 더욱 깊게 다가왔다.

특허 취득 후 얼마 지나지 않아 세계여성발명대회에 초청받았다. 주저 없이 그동안의 사례들을 정리해 참가했고, 320개 업체 중 2등인 세미 그랑프리상을 수상했다. 그 순간, 갖은 오해와 편견 속에서도 묵묵히 걸어온 시간들이 인정받는 것 같아 깊은 보람을 느꼈다. 꿈꾸던 일들이 하나씩 현실이 되어가는 것을 보며 더없이 행복했다.

사업의 시작은 단순했다. 내 아이의 아토피를 개선한 경험이 계기가 되어, 입소문을 타고 찾아온 고객들의 피부 문제를 해결하는 데 집중했을 뿐이다. 회사의 경제적 성공이나 성장보다는 제품이 실제로 효과를 내는 것에만 관심이 있었다. 작은 슈퍼마켓처럼 진솔하게 운영하고 싶었고, 그것이 내 방식이라 생각했다. 입소문만으로도 혼자 감당하기 벅찰 만큼 고객이 찾아왔기에, 대대적인 홍보를 한다면 많은 사람이 한꺼번에 몰려올까 봐 오히려 걱정됐다. 그래서 세계여성발명대회 수상을 계기로 기관에서 연계해주는 홈쇼핑이나 각종 홍보 방안들도 활용하지 않았다.

안타까운 현실도 있었다. 제품은 충분한 양을 꾸준히 사용할 때 효과가 빨랐기에, 시간과 경제적 여유가 있는 고객들은 더 빠른 호전을 경험할 수 있었다. 반면 여유가 부족한 고객들은 충분히 사용하지 못해 호전되는 데 더 오랜 시간이 걸렸다. 어려운 이들에게 조금이라도 더 제품을 제공하려 노력했지만, 한계를 느낄 때마다 더 많은 이들에게 도움을 줄 수 있는 경제적 여력을 가진 기업으로 성장하고 싶다는 열망이 커졌다.

또 하나의 꿈

나에게는 또 하나의 꿈이 있다. 내 제품으로 한센병(나병) 환자들의 삶의 질을 높이는 것이다.

어린 시절, 내가 살던 고향은 개울에서 빨래를 할 정도로 깨끗한 곳이었다. 그런데 초등학교 때, 윗동네에 한센병 환자들이 대거 이주해 닭을 키우며 마을을 이루었다. 그들이 키우던 닭의 분비물로 마을 개울물이 오염되었고, 학교에 가기 위해 그 동네를 지날 때면 악취가 진동해 코를 막아야 할 정도였다.

당시 버스에서 마주치던 환자들은 대부분 코가 무너져 있거나 얼굴이 심하게 변형되어 있었고, 손은 화상을 입은 듯 흉터가 가득했다. 어린 마음에 그들을 징그럽고 무서워하던 내게 엄마는 이렇게 말씀하셨다.

"그분들은 병으로 고통받는 안타까운 분들이야. 만났을 때 고개를 돌리거나 피하지 말아야 해. 네가 놀라거나 당황해하면 오히려 그분들이 더 상처받을 거야."

엄마의 말을 마음에 새긴 나는 그분들을 마주할 때마다 속으로 두려움을 느끼면서도 애써 자연스럽게 행동하려 노력했다.

그러던 중 윗동네에서 한센병 환자인 부모와 함께 살던 한 아이가 중학교 때 같은 반이 되었다. 그 친구는 내가 그 사실을 알고 있다는 것을 눈치채고 나를 피했다. 아마도 내가 자신의 이야기를 다른 친구들에게 알릴까 봐 두려워했던 것 같다. 나는 졸업할 때까지 그 친구의 사정을 단 한 번도 입 밖에 내지 않았다. 당시에는 한센병 환자들의 고통을 깊이 이해하지 못했지만, 그 친구의 비밀을 지켜주는 것이 최소한의 배려라고 생각했다.

이후 수녀인 내 언니가 중국의 한센병 환자촌으로 선교 활동을 떠났다. 언니는 10년 동안 그곳에서 환자들을 돌보며 그들의 삶을 가까이서 보살폈다. 언니를 통해 그들의 피부 고통과 삶의 어려움을 전해 들으면서, 어린 시절 고향에서 마주쳤던 환자들의 모습이 떠올랐다.

그때부터 내 마음 한편에는 한센병 환자들의 피부 개선에 도움을 줄 수 있는 제품을 만들겠다는 새로운 목표가 자리 잡게 되었다.

더 많은 이들의 건강한 미소를 꿈꾸며

이제 나는 새로운 꿈을 꾸고 있다. 제품의 가치를 널리 인정받아 많은 사람에게 도움이 되는 기업으로 성장하고, 수익의 일부를 기부하는 선한 영향력을 가진 기업이 되는 것이다. 더불어 소량으로도 높은 효과를 낼 수 있는 제품을 개발해, 누구나 경제적 부담 없이 건강한 피부를 되찾을 수 있도록 돕고 싶다.

묵묵한 노력의 결과로 제품의 효과를 입증하는 후기들이 쌓이면서, 고객들의 신뢰도 깊어지고 있다. 내가 상상하던 그날이 조금씩 가까워지는 것을 느낀다. '앞으로 10년을 내다보자'며 인내해 온 시간들이 이제는 값진 보상으로 돌아오는 것 같다.

꿈꾸던 일들이 하나씩 이루어지는 과정은 그 자체로 소중한 의미가 있다. 10년의 목표 중 2년이 남은 지금도, 나는 계속해서 꿈을 향해 나아가고 있다. 한 걸음씩 전진하면서 더 큰 꿈을 품게 되었고, 그 꿈을 실현하기 위해 다시 한번 묵묵히 걸어갈 준비가 되어 있다.

주변에서 내 열정이 대단하다며 칭찬할 때마다 나는 '누구나 할 수 있는 일'이라고 답했다. 그런 내게 대부분 나이를 들어 불가능한 이유를 말한다. 돌이켜 보면 우리는 늘 나이가 많다고 생각하며 살아온 것 같다. 초등학생 때부터 "내 나이가 몇인데?"라며 나이에 걸맞은 대우를 바랐고, 20대 때도 "이제 나도 성인인데"라며 인정받기를 원했다. 우리는 항상 이전 나이를 기준으로 현재의 나이를 판단해왔다.

이런 생각은 "내 나이가 몇인데 새로운 걸 시작하겠어?"라는 자기 한계에 갇히게 한다. 하지만 성공한 이들을 보면 나이에 얽매이지 않는다. 50대든 60대든 상관없이 꿈을 향해 열정적으로 살아간다. 나 역시 새로운 일을 시작할 때마다 '내 나이가 얼만데'라는 생각보다는, 내게 남은 생의 시간을 계산하며 도전했다. 그래서 10년이 지난 지금의 내가 있을 수 있었다.

'늦었다고 생각할 때가 시작하기 좋은 때'라는 말처럼, 변화를 꿈꾸는 한 당신은 결코 늦지 않았다.

이 책을 쓰는 것도 꿈을 향한 나의 새로운 도전이다. 나와 고객들의 수년간의 이야기를 통해 희망과 용기를 나누고 싶다는 새로운 꿈이 생겼고, 지금 그 꿈을 이루기 위해 내딛는 한 걸음이다.

"역사는 꿈꾸는 자의 것이다"라는 말처럼, 의미 있는 역사를 만들어가고자 나는 계속해서 꿈을 꾸며 나아갈 것이다. 내일을 꿈꾸는 기업만이 변함없는 가치를 지켜나갈 수 있다고 믿기 때문이다.

진심이 길을 만든다

초판 1쇄 발행 | 2025년 3월 21일

지은이 | 원경아

펴낸이 | 공태훈
펴낸곳 | 글의온도
출판등록 | 2021년 1월 26일(제2021-000050호)
주소 | 서울시 강동구 천중로 213, 621호
전화 | 02-739-8950
팩스 | 02-739-8951
메일 | ondopubl@naver.com
인스타그램 | @ondopubl

ISBN 979-11-92005-63-8 03190